GUY ROUX
CONFIDENCES

TALENT SPORT
115 rue de l'Abbé Groult, 75015 Paris

Photos de couverture : © JM Bancet / Icon Sport,
© Jack Guez et © Philippe Merle / AFP

ISBN : 978-2-37815-194-2

Préface Djibril Cissé

GUY ROUX
CONFIDENCES

Avec Alexandre Alain

Talent Sport

DANS LA MÊME COLLECTION

2021

Niki Lauda – La biographie

2020

Jenson Button – Comment devenir pilote de F1
Jürgen Klopp – De Mayence à Liverpool, les secrets d'un succès
Luka Modric – Mon jeu
Wayne Gretzky – 99 histoires du Hockey
Derrick Rose – I will show you

2019

Wendie Renard – Mon étoile
John McGuinness – Built for Speed
Shaquille O'Neal – Shaq sans filtre
Peter Sagan – Mon monde
George Eddy – Mon histoire avec la NBA

2018

Guy Martin – Mon autobiographie
Stephen Curry – Golden
Adrian Newey – Autobiographie
Kelly Slater – Pipe Dreams
Jenson Button – Une vie à la limite
Maria Sharapova – Unstoppable
Kobe Bryant – Showboat
Loïc Korval – Apprendre à se relever
Nadia Comaneci – Lettres à une jeune gymnaste

2017

Michael Dunlop – Road Racer
Neymar – Conversation avec mon père
Eddy Merckx – Le cannibale
Larry Bird – Magic Johnson – Quand le jeu était à nous
Arsène Wenger – 20 ans dans les coulisses d'Arsenal
Diego Simeone – Mes secrets de coach

2016

Steve Williams – Ma vie avec Tiger Woods
Allen Iverson – Not a game
Jonah Lomu – L'autobiographie
Jack McCallum – Dream Team
Jorge Mendes – Mes clés pour réussir dans le football
Suzy Favor Hamilton – Fast girl

2015

Djibril Cissé – Un lion ne meurt jamais
Kodjovi Obilalé – Un destin foudroyé
Michael Jordan – The Life
Guga – Un Brésilien, une passion française

2014

Alex Ferguson – Mon autobiographie
Phil Jackson – Un coach, onze titres NBA – Les secrets du succès
Michael Schumacher – Sa vie - Ses victoires - Ses rêves
Franck Ribéry – L'incompris

Collection disponible en version numérique
Retrouvez-nous sur www.talenteditions.fr, Facebook, Twitter et Instagram

À Jean-Claude Hamel, Bruno Martini et mes amis entraîneurs Robert Herbin, Michel Hidalgo et Gérard Houllier.

Sommaire

Préface

J'ai rencontré Guy Roux lorsque j'avais seize ans. À cet âge, s'adapter à sa méthode et à sa façon de travailler est tout sauf évident. Quand tu es jeune, tu ne comprends pas forcément tout, mais j'avais quand même du bon sens et un grand respect pour les anciens, donc je me suis dit que si ce monsieur avait sorti autant de grands joueurs, c'est qu'il ne racontait pas des âneries et qu'il savait de quoi il parlait.

Il a sans conteste sa place dans le gratin des plus grands entraîneurs européens. Ceux qui disent le contraire, ce sont des gens qui ne connaissent pas le ballon rond, qui oublient qui il est. Les vrais connaisseurs savent ce qu'il représente et ce ne sont pas ses méthodes parfois anciennes ou son âge qui vont changer cela. C'est un grand monsieur du football français, comme Arsène Wenger ou Jean-Claude Suaudeau le sont aussi. Guy Roux est tout là-haut, même au niveau européen. Allez parler de Guy Roux à Sir Alex Ferguson, vous verrez ce qu'il vous dira.

Il m'a forgé en tant qu'homme. Ma mère m'avait inculqué le respect, mais lui aussi l'a fait. Et puis il m'a appris à travailler, à ne jamais rechigner à l'effort, à être malin, à gérer son patrimoine... En le regardant faire, on apprend aussi à être disponible pour les gens qui nous entourent. Durant mes années auxerroises, il m'a apporté quatre ou cinq fois à manger chez moi lorsque j'étais malade pour que je retrouve la forme. Autant vous dire que tous les coaches ne font pas ça. Avant toute chose, Guy Roux est humain. Ça n'a pas simplement été mon entraîneur. Je l'ai encore régulièrement au téléphone et quand j'ai un problème ou une hésitation, je lui demande conseil et il me dit ce qu'il faut faire. C'est même la première personne que j'appelle.

Si j'ai réussi une belle carrière et que j'ai une belle vie, c'est grâce à ses conseils et à l'attachement qu'il m'a toujours porté. Il faut aussi une part de talent et tous mes buts, il fallait bien sûr les mettre, mais si j'avais été mal entouré et conseillé, je n'aurais peut-être pas connu le même chemin. Quand on a vingt ans, on ne comprend pas tout ça, on se dit « Il m'énerve, il ne veut pas que j'aille en boîte, etc. ». Mais il a raison, si tu as un match deux ou trois jours après, tu ne dois pas sortir, tu dois te reposer, prendre soin de toi.

Il sait déjà tout ce que je pense, mais j'en profite pour lui redire que j'ai un grand amour et un respect immense pour lui. J'aimerais le remercier pour tout ce qu'il a fait, pas seulement pour moi. Les conseils qu'il me donnait lorsque j'avais vingt ans me servent aujourd'hui dans l'éducation de mes enfants. Alors merci, coach.

Djibril Cissé

Pour l'amour du jeu

L'âge avançant, les gens me demandent souvent de parler du football de mon époque. Mais « mon époque », c'est tout le temps. Cela va de mes premiers tirs dans un ballon à Appoigny, mon petit village à côté d'Auxerre, à la fin de ma carrière d'entraîneur en 2007, puis à mon rôle de consultant que j'exerce encore en 2021. C'est comme lorsqu'on me parle « des jeunes d'aujourd'hui ». Il y a une continuité, une suite logique, chez les jeunes comme dans le football. J'ai découvert ce sport en 1943, à l'âge de cinq ans. C'était la seule distraction du village, qui était alors occupé par l'armée allemande. Le dimanche, tout le monde allait au match pour voir l'équipe locale. C'était assez rustique, avec des shorts et des chaussettes pas toujours de la même couleur, et certains joueurs venaient même directement du maquis pour le match et repartaient immédiatement après. Le football pratiqué y était assez simpliste, l'objectif principal étant d'envoyer des grands ballons loin vers l'avant.

Le premier match que j'ai disputé remonte à juin 1944 et reste assez historique. Ma mère avait d'ailleurs pris une photo ce jour-là et je l'avais placée dans un cahier de performances que j'ai perdu des années plus tard. J'avais six ans et j'étais à l'école communale, dont l'instituteur, M. Teinturier, était un homme de gauche, un résistant alors qu'il y avait encore la *Kommandantur* dans le château du village. Une fête était organisée sur la place, avec une fanfare et tous les parents d'élèves. L'instituteur avait organisé un match de football entre deux équipes d'enfants, l'une représentant la France, l'autre l'Angleterre. Nous avions nous-mêmes cousu les coqs et les roses sur les maillots confectionnés par nos parents. Juste avant, cet instituteur nous avait fait travailler sur les lois du jeu et lors de cette rencontre il y a eu un penalty que j'ai raté. Mais le gardien s'étant avancé, il a été donné à retirer et un « grand » de ma classe m'a poussé et a tiré à ma place. L'équipe adverse, bien au fait des règles, a donc posé réserve. À cette époque nous rédigions des textes libres à l'école, dans lesquels nous pouvions parler de ce que l'on voulait. Mais quelques jours plus tard le texte n'était cette fois pas tout à fait libre, car nous devions écrire une lettre à la Fédération française de football pour lui expliquer l'incident et lui demander si nous avions le droit de faire frapper un autre joueur quand le penalty était à retirer. Et la Fédération nous a répondu !

J'ouvre ici une petite parenthèse pour dire que cet instituteur a joué un très grand rôle dans mon éducation. C'était la fin de la Troisième République, nous étions dans ce que j'appelle la France du « Maréchal nous voilà ! ». Il nous faisait d'ailleurs chanter cette chanson, car c'était obligatoire, notamment quand on recevait la visite d'un inspecteur, mais sa femme nous apprenait à tricoter, car il fallait amener des pull-overs pour les détricoter afin d'en faire des carrés de laine et des couvertures pour la résistance. Cet instituteur était très à gauche et mettait au tableau la morale quand on arrivait : « Tu ne voleras pas, tu aimeras tes parents, etc. » C'était la morale élémentaire pour un enfant, mais elle était également répétée à la maison, notamment par mon grand-père maternel, un vrai laïc, car il était le treizième enfant d'une famille de dix-huit et son père s'était fâché avec le curé le jour du baptême du douzième. L'autre base de mon éducation c'était justement le curé, lorsque j'allais au catéchisme. Il nous faisait bien sûr apprendre des prières, mais on apprenait aussi le respect des autres, des parents. C'était la même chose qu'avec l'instituteur, il n'y avait que la rue à traverser. J'y allais avec grand plaisir, car si nous avions bien récité nos leçons, la première récompense était la diffusion d'un film de Tintin, la seconde un match de football derrière l'église. Et pour moi, un match de foot, même à six ou sept ans… C'est donc comme ça que j'ai appris ma morale et je ne l'ai jamais perdue. J'ai bien sûr fait des bêtises, j'ai arrêté de me confesser à un moment donné, mais j'ai gardé des principes. Je peux affirmer que je n'ai jamais volé et que j'ai toujours aimé le plus possible ma famille. Cette dernière a d'ailleurs peut-être orienté ma carrière, car je suis resté à Auxerre parce que j'avais mes grands-parents qui vieillissaient et ma mère étant décédée très tôt, ils étaient seuls et je ne voulais pas les abandonner. Et comme mon grand-père a vécu jusqu'à 99 ans et demi... Ce n'est pas l'unique raison, mais ça a compté.

Mais revenons au football. Quelque temps après ce match « historique » sur la place du village, ma mère est tombée gravement malade et mon père était officier, pendant la Seconde Guerre mondiale puis en Indochine et en Algérie, donc j'ai principalement grandi avec mes grands-parents. Mais comme c'était très dur pour eux, ils m'ont envoyé chez leurs meilleurs amis, des maraîchers de Colmar, des Alsaciens très patriotes mais qui ne parlaient pas français. Donc à neuf ans, je me suis retrouvé chez des gens extrêmement gentils mais que je ne comprenais pas beaucoup. J'étais donc parti pour être un gamin malheureux, mais ça n'a pas été le cas, notamment grâce au foot. D'abord j'ai eu une petite balle en caoutchouc, avec laquelle je tapais toute la journée contre le mur. Puis j'avais un autre objet précieux : un caillou rond. J'avais environ deux kilomètres à faire à pied pour me rendre chaque jour à l'école, et je les passais à dribbler avec mon caillou. Ça n'a pas fait du bien à mes souliers, mais beaucoup plus à mon niveau technique, jusqu'à ce que ce caillou tombe dans un caniveau et me fasse pleurer.

L'enfance était bien différente de celle d'aujourd'hui. Je suis parti tout seul d'Appoigny pour rejoindre Colmar en train, avec une petite valise, un casse-croûte et un peu d'argent pour m'acheter un illustré sur le thème de la résistance, inévitable à cette époque même pour les enfants. J'ai changé de train à Laroche-Migennes, puis à Dijon et j'avais deux heures d'arrêt à Besançon, j'en ai donc profité pour aller me promener dans cette ville qui était en ruines après les bombardements de la guerre. Puis j'ai repris mon train pour Colmar et je suis arrivé à onze heures du soir, où la fille de ces gens-là est venue me chercher. Ils étaient plus malheureux que moi, car ils imaginaient que j'étais malheureux. J'ai bien mouillé quelques draps avec mes larmes, mais pas très longtemps. Le premier dimanche après mon arrivée, il y avait un repas avec les ouvriers maraîchers, mais ayant appris qu'il y avait un match de première division à Colmar, j'y suis allé en trottinant derrière quelqu'un qui se rendait au stade à vélo. Il y avait cinq kilomètres à faire et j'avais neuf ans et demi. Je suis arrivé en nage. L'entrée était gratuite pour les enfants mais il fallait être accompagné. Je me suis fait refouler mais j'ai changé de porte, attrapé le manteau d'un adulte sans qu'il s'en aperçoive et j'ai pénétré dans le stade. En ce temps-là, il n'y avait pas de grillages autour du terrain et je me suis placé derrière les buts pour pouvoir ramasser les balles. J'ai même fait la connaissance du gardien de but, Pierre Angel, qui jouait en équipe de France B, qui m'a invité à l'entraînement du jeudi pour pouvoir l'observer et aller lui chercher les ballons. Ensuite ils m'ont convié à chaque match pour être ramasseur de balles et je conserve une mémoire très précise de tous ces moments. Cette aventure m'a définitivement inoculé le virus du football.

Il faut dire que j'avais déjà été un peu contaminé parce que dans mon village d'Appoigny, mes meilleurs copains, Claude et Jean Chantier, qui étaient les deux fils du notaire, avaient une cour dans laquelle il y avait deux marronniers, distants de trois ou quatre mètres. Nous avons planté des clous dans ces arbres, tendu une ficelle, et cela nous a fait un but. On faisait des matchs à n'en plus finir. Le papa de mes autres copains, les Laguillaumie, avait été l'un des créateurs du club d'Appoigny en 1927. Il avait des discussions interminables sur le football avec son ami Roger Soule et je les écoutais religieusement. C'est là que j'ai entendu pour la première fois la réflexion « un arrière doit être impassable », que j'ai répétée toute ma carrière à mes joueurs. Les Laguillaumie étaient des Auvergnats arrivés au début du siècle, dont le père était négociant en volailles qu'il allait chercher dans les fermes et revendait. Ses fils étaient souvent de corvée de « peaux de lapin », et parfois je les aidais, car dès qu'ils avaient fini leur tâche nous avions le droit d'aller jouer au ballon. Toujours cette même motivation... Les Chantier étaient des catholiques qui allaient à la messe et les Laguillaumie des laïcs « purs », d'une valeur morale exemplaire. Tous les mois, l'instituteur organisait « le colis du prisonnier » où chaque famille qui avait un prisonnier de guerre devait amener un petit quelque chose. Jean Laguillaumie, le père, possédait une camionnette à gazogène qui fonctionnait avec du charbon de bois, comme dans les vieux films, et emmenait les colis à la gare puis les plaçait dans un wagon. J'étais donc au milieu de ces gens-là, qui m'ont imprégné comme si j'avais été un buvard.

Au bout de trois ans en Alsace, l'état de santé ma mère s'est stabilisé et je suis revenu à Appoigny. J'ai accepté d'être pensionnaire au lycée Jacques-Amyot d'Auxerre, en quatrième, car il y avait une cour dans laquelle se déroulaient des matchs de foot. Le terrain en pente était destiné aux « petits » et les « grands » pouvaient jouer sur un beau terrain, avec de vrais buts. On faisait chaque midi des matchs intervillages entre les élèves venant d'Appoigny et ceux venant de Chablis, puis la revanche après les cours. L'été, nous avions même droit à un troisième match le soir après le repas. Cela a forgé ma technique. Au lycée, j'étais dans un dortoir de trente élèves, entouré par deux garçons qui jouaient au foot. D'un côté Pierrot Fournier, qui jouait au Stade Auxerrois, de l'autre le fils d'un notaire qui jouait à l'AJA. Les deux clubs étaient en Division d'Honneur, mais j'étais plus copain avec celui du Stade Auxerrois, donc je l'y ai accompagné un jeudi pour un entraînement. Là, je me suis fait houspiller toute l'après-midi alors, comme j'avais déjà un petit caractère, j'ai dit à mon ami : « La semaine prochaine, je vais à l'AJA ! Déjà qu'il y a les pions au lycée, si en plus je me fais aussi secouer au foot... » Et à l'AJA, qui était située deux cents mètres plus loin, l'entraîneur était Pierre Grosjean, beaucoup plus paternaliste, très sympathique, qui nous félicitait quand on faisait quelque chose de bien. Après ma première séance, il m'a pris par le bras et m'a emmené directement dans sa voiture chez le photographe, pour faire ma licence. Me voilà donc à l'AJA...

Minimes, cadets, juniors, je suis resté jusqu'au baccalauréat. Là, je voulais passer professionnel, car je pensais que j'étais très bon. J'étais souvent cité dans *L'Yonne*

Républicaine et tout le monde me disait que je jouais bien. À cette époque, des professionnels de l'équipe de Troyes venaient souvent pêcher dans l'Yonne, à Appoigny, dont Pierre Flamion, ancien joueur de Reims et international français. Lorsqu'ils en avaient marre de pêcher, ils venaient faire un petit foot avec nous sur le terrain situé juste à côté. J'ai donc fait très tôt la connaissance de Flamion, qui est ensuite devenu entraîneur de Limoges en deuxième division et qui m'a recruté et m'a prêté dans la foulée au Stade Poitevin, en 1957. J'avais besoin de gagner un peu d'argent donc ils m'ont trouvé un travail de surveillant dans un centre d'apprentissage à Montmorillon, une petite ville sympathique, en pleine pandémie de grippe asiatique. Un jour de l'hiver 1957, tous les élèves ont eu de la fièvre d'un coup, ainsi que le principal, l'infirmière et les cuisiniers. Le préfet nous a envoyé un escadron militaire avec une roulante, comme à la guerre, où la cuisine était faite dans la cour pour apporter des marmites de soupe aux garçons couchés avec des fièvres terribles, dans des conditions d'hygiène qui l'étaient tout autant. Je leur apportais à manger et je fendais du bois pour chauffer leurs chambres, car, bizarrement, je n'avais pas été touché par le virus. Le professeur de gym, le médecin et moi faisions tous les matins un footing de 10 kilomètres dans la lande, nous prenions chacun un Vitascorbol et une aspirine, et nous sommes les trois seuls à ne pas être tombés malades. Nous devions avoir fait des anticorps assez puissants et avons échappé à cette grippe. L'armée est restée jusqu'à ce que les cuisiniers reviennent et tout le monde a finalement guéri. Le journal local avait simplement dit qu'une grippe avait sévi dans la région mais nous n'en savions pas plus et j'étais passé à autre chose. Ce n'est que très récemment que j'ai appris que cette grippe asiatique avait fait environ 100 000 morts en France. Ce n'était pas une « grippette » et les gamins n'avaient droit qu'à une aspirine par jour, mais le virus s'est éteint de lui-même.

Après cette année à Poitiers, je suis allé à Limoges avec la ferme intention de gagner ma place dans l'équipe, mais elle était montée en première division. La marche était donc encore plus haute. J'y ai passé trois ans, de 1958 à 1961, mais je n'ai pas percé, je suis resté dans l'équipe B en CFA, dont j'étais capitaine lors de la dernière année. Je n'en garde pourtant aucune amertume, car déjà à l'époque je m'analysais et j'avais conscience que je n'étais pas assez rapide, pas assez vif. Je suis allé voir Pierre Flamion et son adjoint et je leur ai dit : « Je pense que vous n'avez pas à vous plaindre de moi, j'ai toujours été correct, alors vous allez être francs avec moi et me dire si je peux devenir professionnel de première division. » Spontanément, Flamion me répond : « Non, tu es trop lent, mais tu peux aller en deuxième division, on a des demandes de plusieurs clubs comme Besançon et Perpignan. » Mais cela ne m'intéressait pas et c'est là qu'a eu lieu mon retour à l'AJA.

En dehors du football, j'avais une personnalité assez complexe, car je faisais du syndicalisme étudiant, comme je vous l'expliquerai plus tard dans ce livre, et je suis allé au congrès de l'UNEF à Caen, en 1961. Je revenais de ce congrès et l'AJA disputait un match amical contre les

Anglais de Crewe, qui avaient joué à Beaune la veille et cela se voyait, car ils étaient cuits. À la mi-temps, ils ont fait une annonce pour savoir si quelqu'un parlait anglais, donc je me suis présenté. Ils voulaient un joueur, car ils en manquaient et j'ai donc joué la seconde période avec eux, ce qui a été déterminant dans ma carrière. Dans l'équipe d'en face, j'ai retrouvé tous mes copains avec lesquels je jouais en minimes et en cadets. Un banquet était organisé après la rencontre et là Jean Garnault, le président de l'AJA, me propose de revenir jouer au club la saison suivante. Je lui ai répondu : « Je veux bien venir, mais seulement comme entraîneur-joueur. » J'avais vingt et un ans et il y avait des gars de trente-cinq ans dans l'équipe mais je n'avais pas peur, j'avais foi en mes capacités. J'avais comme bagage mon expérience à la tête du syndicat, j'avais déjà dirigé quelques séances avec l'équipe juniors et j'avais aimé ça. Et puis Flamion, qui est resté mon maître pendant très longtemps, m'avait dit que j'avais « tout pour être entraîneur ».

Les dirigeants auxerrois m'ont donc écrit pour me dire qu'ils allaient embaucher un entraîneur et qu'il fallait que je leur envoie ma candidature. Sur six pages, j'ai expliqué tout mon programme, avec les outils dont j'avais besoin, comme des petits buts pouvant se déplacer, dix chasubles, une balance et cinq ballons. J'ai d'ailleurs failli ne pas être embauché à cause de ces cinq ballons. J'avais également donné les noms des joueurs que je pensais pouvoir recruter sans problème. Ils ont reçu des candidatures de toute la France, dont celles d'anciens internationaux, mais ils m'ont convoqué pour un entretien au patronage, à l'ombre de la cathédrale. Avant d'entrer, un des dirigeants m'a dit : « Ne te casse pas la tête, c'est toi, il y en a pour dix minutes. » Trois heures plus tard, j'attendais toujours la réponse dans la cour… Ils ont fini par me faire monter pour me dire que j'avais été choisi à l'unanimité. J'ai finalement appris que j'avais été sélectionné parce que j'étais le moins cher. J'avais demandé 700 francs par mois, mais M. Hamel avait rayé la somme au crayon, directement sur ma lettre de motivation, et indiqué « 500 francs ». J'ai finalement obtenu 600 francs. Puis un an plus tard, l'un des onze dirigeants qui avaient participé au choix était atteint d'un cancer et sa femme vient me chercher chez moi pour me dire que son mari, mourant, veut me voir pour me dire adieu. Il m'a alors avoué : « Écoute, avant de mourir je voulais te dire que je n'avais pas voté pour toi. Je pensais que tu étais trop jeune. Et puis je vais te donner les noms des autres qui n'ont pas voté pour toi. » Le tableau était en fait un peu moins idyllique, et l'unanimité absolument pas au rendez-vous, puisque je n'avais que quatre voix en ma faveur, les sept restantes ayant été dispersées entre les autres candidats. Après d'interminables discussions, le président Garnault avait mis fin aux débats : « Ça suffit, de toute façon, il n'y a que Guy Roux qu'on peut payer, tous les autres sont trop chers. » Ils m'ont tout à coup trouvé beaucoup de qualités ! Dès que les dirigeants m'ont annoncé leur choix, je me suis mis au travail et je leur ai réclamé cinq ballons et des repas en commun avant les matchs. Tout le monde m'a pris pour un fou mais l'un d'eux, Émile Martin, a proposé que l'on mange chez sa mère. Le boucher a accepté de fournir les biftecks, le paysan les pommes de terre pour la purée, etc. Tout a commencé comme ça.

Ma carrière à l'AJA a toutefois connu une petite pause, entre septembre 1962 et décembre 1963, période pendant laquelle j'ai effectué mon service militaire. Le club m'avait dit que Jean Chamant, député de l'Yonne et ministre du Général de Gaulle, pouvait m'envoyer à Saint-Florentin, à 30 kilomètres d'Auxerre, pour que je puisse revenir jouer régulièrement. Mais lorsque j'ai reçu ma convocation, sur la feuille était inscrit Trèves, en Allemagne. Les dirigeants ont essayé d'arranger le coup mais j'ai refusé, car mon père, étant officier, aurait très mal pris le fait que je me fasse pistonner. J'ai donc atterri dans un centre d'instruction de blindés, avec 3 000 hommes. Mon idée était d'aller au bataillon de Joinville avec l'équipe de France militaire, mais à Trêves on m'a dit qu'il y avait aussi une équipe de football et qu'après mes classes je pourrais devenir entraîneur de cette équipe et que chaque dimanche il y aurait un match face à une formation allemande ou lorraine. Mon père voulait que je fasse l'École des officiers de réserve, mais l'adjudant de Trêves a réussi à me convaincre, en ajoutant quand même : « Surtout ne fais pas de politique. » En réalité, j'étais fiché comme un étudiant de gauche parce que j'étais allé à la Fête de l'Humanité. Bref, je n'ai pas vraiment eu le choix, je n'ai pas rejoint le bataillon de Joinville et j'ai accepté ce rôle d'entraîneur. Nous avions un niveau de deuxième division, nous battions toutes les équipes de CFA et nous jouions le tournoi de l'OTAN.

J'ai donc fait mes deux mois de classes, très durs, et j'ai pu avoir une chambre dans le PC en bénéficiant d'une femme de ménage, ce qui était très pratique, car j'échangeais des cartouches de cigarettes pour son fils contre le repassage de mes chemises, car il fallait absolument trois plis parfaits, ce que j'étais incapable de réaliser. Parmi les appelés, il y avait Lionel Jospin, qui était quant à lui capitaine de l'équipe de basket, donc on s'est vite retrouvés. Il n'est resté que deux ou trois mois, car il préparait l'École des officiers de réserve, mais nous avons sympathisé. Il nous avait dit qu'il était de gauche, mais sans plus de précisions. Nous ne savions pas qu'il était vraiment très à gauche à ce moment-là. On a gardé une certaine fraternité, car notre relation était intéressante, on n'était pas nombreux à pouvoir parler librement de politique. Lorsqu'il était Premier ministre et que j'ai fait une pause d'une saison à l'AJA, en 2000-2001, il m'a invité à Matignon pour un déjeuner en tête à tête, et il m'a demandé pourquoi j'avais arrêté ma carrière d'entraîneur.

Sur le plan du jeu, lorsque j'ai commencé à m'intéresser au football, il y avait cinq attaquants, trois demis et deux arrières. C'était avant le fameux WM, inventé après la guerre. Puis sont apparus les systèmes que l'on connaît maintenant, comme le 4-4-2. Les Brésiliens jouaient en 4-2-4 en zone, comme aujourd'hui. Pour Georges Boulogne, grand instructeur du football français puis sélectionneur des Bleus au début des années 1970, c'était avec un libéro et un marquage individuel. De mon côté, en 1962 j'étais militaire à Trêves, près de la frontière belge, où je m'occupais de l'équipe des forces françaises en Allemagne, et à cette époque Anderlecht était le roi du 4-2-4 en zone. Cela m'a beaucoup influencé et quand je suis revenu à Auxerre en 1964, j'ai essayé de reproduire ce système. Mais dès le deuxième match, j'ai failli tuer le juge de touche qui ne levait pas son drapeau quand il y avait hors-jeu. Il était hors de question que je mette ma carrière entre les mains d'un juge de touche, donc j'ai abandonné la ligne et opté pour le marquage individuel, que Pierre Flamion utilisait aussi souvent. Une semaine avant d'affronter le grand Reims, il avait par exemple découpé une photo de Raymond Kopa et l'avait collée sur l'armoire de Daniel Duc, le joueur en charge de le marquer. Moi, j'avais inventé une formule : « L'haleine sur la nuque et la pointe des pieds sur les talons. » J'ai fait marquer de cette façon Michel Platini par Dominique Cuperly. Même s'il ne recevait pas de coups, Platini était moralement contrarié, il m'a engueulé et m'en a reparlé au moins dix fois dans les rencontres qu'on a eues ensuite. Il m'en voulait terriblement. C'est un système où chaque joueur avait une vraie responsabilité. Je comptais les centres que faisait le défenseur latéral adverse et l'ailier qui le marquait. S'il en avait fait plus que lui, c'est que mon joueur n'avait pas été bon. Aujourd'hui, on voit parfois dans de très grands matchs que les ailiers acceptent presque tacitement que les latéraux centrent. Mais quand ils centrent bien, ça fait souvent but. J'ai donc rapidement renoncé au 4-2-4 aussi, car cela faisait un vide au milieu de terrain. Ça convenait bien au Brésil, car ils étaient tellement bons qu'ils monopolisaient le ballon, mais quand vous n'étiez pas les plus forts et que vous jouiez en 4-2-4, vous aviez perdu d'avance contre une équipe qui aurait eu plus de monde au milieu. C'était mon raisonnement de base et c'est pour cela que j'ai mis en place mon 4-3-3, qui est pour moi la meilleure répartition des joueurs sur le terrain.

J'ai arrêté en l'an 2000, durant une année, et quand je suis revenu je me suis dit : « Allez, je fais la zone ! » Mais les éléments me manquaient, car personne ne m'avait jamais enseigné cette façon de jouer. J'ai donc appelé Aimé Jacquet qui m'a dit : « C'est facile, tu fais du pressing sur tous les gars proches du ballon sur un côté et tu resserres en faisant un bloc, une sorte de carré. » Mais ce qui m'inquiétait, c'était ce qui allait se passer du côté opposé en cas de changement d'aile. Et il m'a dit : « Eh bien tu te tournes et tu cours. » J'ai aussi pris conseil auprès de Gérard Houllier. Christian Gourcuff jouait aussi comme ça presque mécaniquement. Houllier m'a dit qu'il y avait un film formidable d'Arrigo Sacchi, l'entraîneur du grand Milan entre 1987 et 1991, pour jouer en 4-4-2 en zone. J'ai pris ces exercices, dont certains sont extrêmement simples, et je les ai mis en place tout de suite. Je mettais toute mon équipe en place et j'étais le ballon. J'allais à droite, à gauche ou en profondeur et ils devaient se placer par rapport à moi. Je faisais ça « à vide », un quart d'heure par semaine et ça a bien fonctionné. Mais j'ai conservé mon 4-3-3, car j'avais peur que ça se transforme en 4-2-4.

Je continue bien sûr de regarder des matchs français et européens, presque quotidiennement. Aujourd'hui, le championnat anglais est à la mode, notamment le Manchester City de Pep Guardiola. C'est d'ailleurs cette philosophie que Laurent Blanc lui avait empruntée lors de son passage au PSG, c'est-à-dire : on est meilleurs que les autres, donc on garde la balle tout le temps et de temps en temps on marque un but. Ça, ça va quand on est le plus fort. Guardiola a des joueurs devant pour finir les actions. L'autre tactique est celle de la transition rapide, c'est-à-dire dès la récupération du ballon aller chercher une occasion. Ça, c'est le Liverpool de Jürgen Klopp, avec des grands joueurs tellement vifs et habiles. J'étais plutôt un adepte de cette tactique. En confinement, je regarde beaucoup de matchs, mais parfois ceux de Guardiola je les zappe. Je préfère ceux de Liverpool. Toutes mes équipes, sauf une ou deux saisons honteuses, ont joué avec de bons ailiers par rapport à la division dans laquelle nous étions.

En ce qui concerne le football français, tout le monde pense que la FFF est formidable parce qu'on a été deux fois champions du monde en vingt ans, qu'on a fait des finales de l'Euro, que nos équipes de jeunes sont bonnes, tout comme l'équipe de France A. On dit donc que le football français va très bien. Moi je dis qu'il ne va pas bien du tout. L'équipe de France va très bien, nuance. Surtout depuis qu'il y a Didier Deschamps. Mais regardons le monde amateur. En 1998 il y avait environ 59 millions d'habitants, contre 67 millions maintenant, mais le nombre de licenciés n'a pas augmenté, alors que le football féminin est en plein essor. Autrement dit, on régresse, parce que la fédération est devenue un instrument administratif qui vit dans l'aisance grâce à l'argent rapporté par les titres et les droits télé de l'équipe de France, ainsi que la bonne gestion financière du président Noël Le Graët. Cette administration très riche est passée de 80 à 350 salariés pour effectuer le même travail. Il y une Direction technique nationale très puissante également mais dont on ne parle plus jamais. Personne ne connaît le nom du DTN, Hubert Fournier, qui est pourtant très bon, car on ne le laisse pas exprimer sa personnalité. Lorsqu'il était DTN, Georges Boulogne était l'égal du président de la Fédération, car il apportait un sang neuf, faisant passer le nombre de licenciés de 500 000 vers 2 millions. Le football français ne se développe pas, l'aspect technique est laissé de côté au détriment de la communication. Il y a plus de personnes dans les bureaux que sur le terrain. Lors de son mandat, Fernand Sastre s'était rendu dans les 90 districts de France pour faire la promotion du football, cela n'existe plus maintenant. Noël Le Graët est un très bon président, mais surtout pour l'équipe de France.

Et puis il y a des dérives, comme l'article 98 de la Fédération française de football qui est illégal si l'on se fie à la loi française et qui crée deux discriminations. Un joueur de moins de 15 ans qui n'est pas dans une Ligue où il y a un centre de formation agréé ne peut pas en rejoindre un s'il est à plus de 100 kilomètres. Par exemple, si vous êtes à Bayonne, vous ne pouvez pas aller dans un centre de formation avant 15 ans, car Bordeaux et Toulouse sont à plus de 100 kilomètres. Inversement, un garçon parisien qui n'est pas pris au PSG ou au Paris FC ne peut pas venir à Auxerre, situé à 160 kilomètres, ni à Troyes, Reims, Le Havre ou Orléans, où les centres de formation sont pourtant de très bonne qualité. Il y a donc une discrimination pour les enfants, qui ne sont pas égaux et ne peuvent intégrer un centre s'ils ne sont pas nés à l'endroit qu'il faut, et pour les clubs qui ne peuvent plus recruter qui ils veulent. En région parisienne, il y a 12 millions d'habitants, alors qu'en Bourgogne-Franche-Comté, il y a plus de vaches que d'enfants. Et on n'a jamais fait jouer des vaches au football… Tout cela pour protéger les Pôles Espoirs créés par l'État, où cet article 98 ne s'applique pas. Pourtant, dans les 23 champions du monde 2018, plus d'une dizainc ont été formés à plus de 100 kilomètres de chez eux. Je veux même bien qu'on donne priorité à ces Pôles, mais qu'on nous laisse recruter les jeunes qui ont envie de venir chez nous. Si cette loi avait existé à mon époque, je n'aurais pas pu avoir les frères Boli, ni Cantona, Vahirua, Méxès, Cissé et tant d'autres. J'ai commencé à discuter de cela avec Roxana Maracineanu, Ministre déléguée chargée des Sports, mais avec la pandémie elle a évidemment eu d'autres priorités.

Des hommes heureux

Les relations humaines sont un sujet transversal. J'étais entraîneur mais je pourrais aussi en parler si j'étais professeur, contremaître dans une usine, chef d'État, directeur de Renault ou fabricant de brouettes. L'idée principale, étant donné que l'on passe plus d'heures à travailler qu'à pratiquer des loisirs, c'est « comment être heureux au travail ? ». C'est la première condition. Si les rapports professionnels consistent à être malheureux, c'est loupé pour celui qui dirige et pour celui qui est dirigé. La première chose à ne pas oublier est donc de rendre les gens heureux. Or, il y a des managers malheureux, qui font du management dur, de conflit, et leurs ouvriers ou leurs joueurs sont donc aussi malheureux. Tout cela fait que l'on obtient un résultat malheureux. Le foot est en plus un travail ludique, un jeu. C'est le premier jeu du monde. Partout sur Terre, quand il y a un caillou rond, un gamin tape dedans avec le pied, alors que dans l'évolution darwinienne on a réduit l'activité des pieds et des jambes. Malgré cela, on en a fait un jeu, un art et un outil économique. Le foot c'est le jeu, ce sont les enfants. Il faut donc être heureux d'entraîner et rendre heureux ceux qu'on entraîne.

Mais le football étant une compétition, même chez les plus petits, vous faites tout pour gagner. Dès la cour d'école, quand il s'agissait de foot, tous mes camarades écoutaient mes explications. Déjà, je leur demandais de donner le ballon aux joueurs positionnés sur les ailes, car j'avais senti que faire le tour de la défense était la meilleure option pour marquer un but. J'ai appris instinctivement ces choses-là, à neuf ou dix ans, et je les ai conservées toute ma carrière. Il faut donc beaucoup expliquer et faire appel à l'intelligence et à la compréhension des joueurs. Il faut trouver des procédés pédagogiques intelligents, il faut convaincre. Et parfois les convaincre que le bien de l'équipe, ce n'est pas forcément ce qui est le mieux pour eux. Par exemple, quand on déplace un joueur de son poste où il est pourtant excellent, il faut le persuader que l'équipe en a besoin. Il faut rappeler que l'on forme une équipe, un groupe, un ensemble. Ceux qui ne se fondent pas dans cette unité ont de la peine. Une équipe qui n'est pas une unité est beaucoup moins forte que la même équipe lorsqu'elle est soudée.

Un bon entraîneur se soucie aussi de la santé de ses joueurs, de leur hygiène de vie, de l'alimentation, du sommeil. De temps en temps, j'inscrivais sur le tableau du vestiaire mon principe de base : « Entraînement + repos = forme ».

L'entraînement, c'est moi qui m'en occupe. Le joueur doit être content de faire les exercices d'entraînement et doit avoir compris qu'il doit les faire. Mais il doit être dans une santé qui préconise la forme. Quelqu'un qui est en surpoids, comme moi, peut être en très bonne santé, mais n'est pas en très bonne forme. Quand le club n'avait pas beaucoup de moyens, j'avais d'ailleurs acheté moi-même une balance romaine, qui existe toujours, avec un curseur en cuivre, pour que mes joueurs soient à leur poids de forme, à 100 grammes près.

J'ai toujours pensé que tous les autres rassemblés ont plus d'intelligence que moi, parfois même quelqu'un tout seul, alors j'ai trié et gardé beaucoup d'informations recueillies un peu partout et j'ai été beaucoup plus fort que si j'avais essayé de tout inventer tout seul. Et puis il faut de l'affection, de l'amour, au sens chrétien du terme. J'ai fait beaucoup de conférences sur le management dans les entreprises, dans lesquelles je disais toujours que la chose principale, c'est l'amour. S'il n'y a pas d'amour du métier, des hommes, de son club, ce n'est pas possible. Il faut aimer ses joueurs. Et lorsqu'on ne les aime pas, il faut faire comme si. Il faut arriver à les aimer, sinon vous échouez. Il y a un joueur que j'ai haï pendant six mois. C'était un stoppeur, ignoble dans la vie courante. Avec moi, il était à la limite de l'incorrection et avec 90 % de ses coéquipiers il n'était pas agréable à vivre. Or, on vit ensemble, on est à table ensemble, on voyage ensemble… Un jour, le président trouvait qu'on avait bien joué et me dit : « J'invite toute l'équipe au restaurant. » Je lui ai répondu : « Surtout pas ! On fait déjà 150 repas par an ensemble. Envoyez-les deux ou trois jours en Corse avec leurs amis ou leurs femmes, là ce sera une récompense. » Ce garçon m'était très antipathique, mais il n'était pas le seul. Pourtant, je l'ai revu trente ans après et il était très gentil. Mais à l'époque, c'était un stoppeur hors norme, une ligne Maginot qui aurait été jusqu'à Dunkerque. Ça ne passait pas ! Car comme je l'avais appris dans mon village, et comme je le répète aux professionnels actuels et aux gamins de huit ans, qui le répètent à leur tour tous en chœur : « Un arrière doit être impassable ! » On faisait du marquage individuel et les avants-centres adverses ne mettaient jamais un but quand il était sur le terrain. C'est l'exemple qu'on doit être implacable, neutre par rapport à ses sentiments personnels. C'est de la *realpolitik*, on ne fait pas une équipe des plus sympathiques mais une équipe capable de gagner.

Bien sûr il faut faire en sorte que les joueurs s'aiment le plus possible entre eux, mais il y a parfois des antagonismes. En 1997, tout à coup, mon équipe s'est divisée en deux groupes. Je ne pouvais même plus faire de jeux à l'entraînement en les mélangeant, ils étaient coupés en deux, hormis un tout petit groupe de neutres. La moitié de l'équipe ne pouvait pas sentir l'autre moitié, sans que j'en connaisse la raison. On va jouer en Coupe d'Europe à La Corogne et lors de ma causerie d'avant-match, je dis : « Je sais bien qu'en ce moment vous ne vous aimez pas tous les uns et les autres. » J'entends alors des murmures, chaque partie rejetant la faute sur l'autre, puis j'enchaîne : « Vous allez oublier tout ça pendant une heure et demie et quand on rentrera dans les vestiaires, là vous pourrez faire une bagarre générale. » Eh bien on a gagné et après la douche j'ai réuni deux des « chefs » antagonistes, des anciens capables de me parler. Je leur demande de m'expliquer et l'un des deux me raconte : « Coach, dans les albums Panini il y a toujours des photos de six joueurs de notre équipe, toujours les mêmes, et ils ont touché de l'argent pour ces photos. Ils sont représentatifs de l'équipe sans qu'on sache pourquoi. Qu'est-ce qui s'est passé ? » Je réponds que je n'en sais absolument rien et l'autre, qui faisait partie des six, dit : « Je crois que c'est l'UNFP qui a signé le contrat général et chaque club devait fournir six joueurs pour le shooting photo. » Je ne savais pas comment ces joueurs avaient été choisis, puisque c'est l'administration du club qui avait décidé. J'ai donc eu une bagarre pendant trois semaines à cause de ça, signe de l'équilibre fragile que peut avoir un groupe. Et tout s'est arrangé lorsque je leur ai dit de se battre après le match, ce qu'ils n'ont heureusement pas fait.

Dans le management, il y a des moments difficiles. Ce n'est pas, comme voulait parfois le faire croire Thomas Tuchel au PSG, le monde des Bisounours. Il y a des entraîneurs tactiles, qui embrassent leurs joueurs à la fin des matchs. Ce sont souvent les méridionaux, les Sud-Américains avec leur « abrazo », mais il y a aussi Jürgen Klopp. Je suis du nord-est, de Colmar et d'Auxerre, et je n'embrasse jamais un homme. Le dernier homme que j'ai embrassé, ça doit être mon père avant sa mort et le précédent devait être mon grand-père dans les mêmes conditions. J'embrasse en revanche plus facilement mes petits-enfants, les bébés ou une jolie femme plutôt qu'un barbu. Bon, lorsque le barbu était mon grand-père et avait 99 ans, je l'embrassais quand même, même s'il piquait… J'étais également avare de compliments et j'avoue que c'est une faiblesse.

J'ai passé la Coupe du monde 1978 en Argentine aux côtés de Ştefan Kovács, un Roumain qui avait entraîné l'équipe de France. Nous avons passé un mois au même étage d'un logement étudiant qui était mis à disposition des médias. Pour ne pas nous ennuyer, on allait voir les matchs ensemble. C'était quelqu'un d'extrêmement sympathique, toujours chaleureux, en recherche constante de quelque chose. Lors d'une journée épouvantable au bord du Río de la Plata, avec un froid et une bruine qui nous traversaient, j'avais envie de rentrer dans notre logement, mais il me dit : « Regarde ce petit entraînement de gamins sur un terrain de handball. » Ce devait être un professeur d'école avec ses élèves, donc je n'étais pas très intéressé, mais il me dit : « Si ça se trouve, ce petit prof argentin, il va leur faire faire un exercice qu'on ne connaît pas et on va le refaire chez nous et gagner un match grâce à ça. » Il avait raison. Ça m'est arrivé plusieurs fois dans ma vie de piquer des exercices aux uns ou aux autres et de m'en servir pour gagner. L'amélioration du savoir est capitale pour un manager.

Un autre aspect capital pour moi, ce sont les rites. Quelles sont les activités humaines, en dehors de l'alimentation et de l'amour physique, qui ont traversé les âges ? Il n'y en a pas dix, il y en a deux : la religion et les armées. Les rites religieux ont évolué au fil du temps, mais il y a aussi les rites militaires. L'armée de Napoléon est la même que celle de Jules César ou du colonel Bigeard. Comment fait-on marcher ces armées ? Avec des rites comme l'uniforme, la gestuelle, l'histoire du régiment, les décorations ou le drapeau. Et il faut se servir de cela dans un club de foot. Lorsqu'on achète Andrzej Szarmach, quel est le point commun entre lui et l'AJA ? Les deux sont catholiques. Lorsque nous étions en stage à Orbey, en Alsace, Szarmach et les deux autres Polonais de l'équipe sont allés à la messe du village. Le curé n'avait jamais vu une foule se précipiter sur des fidèles pour leur faire signer des autographes. Ce sont des outils qu'il faut connaître, qu'il faut chercher. Jürgen Klopp, par exemple, utilise les principes que je viens d'énoncer. Il est en revanche très tactile, très proche de ses joueurs. Mais c'est très difficile, surtout maintenant avec des effectifs de 25 éléments. Quand vous donnez votre groupe de 18 joueurs retenus pour le match, vous vous faites sept ennemis,et lorsque vous annoncez votre onze titulaire, vous en avez sept de plus. Donc parfois les entraîneurs font rentrer les joueurs deux minutes pour les contenter un peu. Moi, ma règle était simple : tant qu'une équipe gagne, on n'y touche pas. Si un joueur est mauvais, on lui dit pour qu'il s'améliore le match suivant, mais il joue. Quand on perd, comme on cherche pourquoi, il y a le risque de changer un peu des choses, mais on regagnait généralement assez vite. Le joueur sait donc que lorsqu'il est dans l'équipe, il a une forme de tranquillité. Il ne doit pas s'en émouvoir, il doit maintenir le niveau qui lui est demandé. Mais quand il perd sa place, c'est plus dur de la retrouver. J'avais aussi une autre règle : tous les joueurs qui revenaient de blessure allaient faire un match en équipe B, même les internationaux.

Chaque joueur, chaque homme, se gère différemment. Certains plus difficilement que d'autres. J'aurais pu inventer le mot « turbulent » pour Éric Cantona. C'était très, très difficile à l'adolescence. Je l'ai connu à quatorze ans. Notre recruteur, Jean-Pierre Dubord, était un ouvrier qui passait ses week-ends à voir des matchs pour me rapporter des comptes-rendus magnifiques sur des joueurs. Il me téléphone un jour d'Aix-en-Provence et me dit : « Il y a un gars formidable ! » La semaine suivante, j'étais à Marseille, dans le quartier des Caillols, et Cantona est venu chez nous en stage, avec une dizaine de joueurs tous devenus professionnels. Le deuxième jour, je l'ai fait monter en équipe professionnelle pour un match à huit contre huit et, du haut de ses quatorze ans, il a mis un petit pont à Lucien Denis, qui était très fâché. Et puis Éric me dit : « Est-ce que je pourrais avoir un maillot d'Auxerre ? » Je vais lui en chercher un, je le mets dans un sac pour que les autres ne le voient pas, et il me demande combien il me doit. Je lui réponds : « Rien, c'est un cadeau. » Dans son autobiographie, il expliquera plus tard qu'il a beaucoup hésité entre plusieurs clubs, dont Nice et Auxerre. Mais à Nice, lorsqu'il a demandé un maillot, ils l'ont envoyé à la boutique et lui ont dit combien ça lui coûterait. Alors qu'à Auxerre, on lui a donné en main propre un maillot à sa taille. Un transfert tient parfois à peu de chose…

À partir de ce moment-là, j'ai fait connaissance avec son caractère et son passage au club a été agité. Une fois, lors d'un déjeuner au centre de formation, il avait un différend avec l'un de ses meilleurs copains. Une vingtaine de couverts étaient dressés, mais cela ne les a pas empêchés de se courser sur les tables pour se battre. Ils ont tout cassé mais ont remboursé. Cette bataille Éric Cantona contre Stéphane Mazzolini est restée célèbre. Il était imprévisible, avec de forts mouvements d'humeur, mais il n'y pouvait rien. Je m'entretenais régulièrement avec lui, il était déjà très intelligent et le prouve en faisant une carrière d'acteur à succès. Maintenant, c'est un gentleman. À mon avis, Aimé Jacquet a eu peur de lui, comme de David Ginola, et ne les a pas sélectionnés pour la Coupe du monde 1998 à cause de cela. Ils auraient pris trop de place dans le groupe.

Pour moi, Cantona a été un beau souci. Il n'a jamais manqué de respect à mon égard, mais il s'en est fallu de peu. Après un match à Cannes, il voulait casser la figure de son coéquipier assis en face de lui dans le vestiaire. Je le savais, donc je suis tout de suite allé me poster devant lui, les mains le long du corps. Je voyais qu'il rongeait son frein et qu'il n'osait pas me parler, puis à un moment il me lâche : « Enlevez-vous. » Je lui ai demandé pourquoi il me parlait comme ça, et le respect qu'il avait pour moi a fait pencher la balance dans le bon sens. Sinon je prenais un tampon et, fort comme il était, je me serais retrouvé à l'autre bout du vestiaire. Il a donc « simplement » lancé sa chaussure dans le tableau en bois des vestiaires, si fort que les crampons sont restés imprimés dedans. Il avait aussi eu un différend avec un supporter qui l'insultait, je le savais et il avait dit qu'après le dernier match il réglerait ça. Son ultime match à Auxerre n'a d'ailleurs pas été le dernier match de la saison, car Tapie voulait que Cantona vienne à Marseille donner le coup d'envoi du dernier match joué par Alain Giresse, comme une passation de témoin. J'avais donné mon accord mais Jean-Claude Hamel ne voulait pas. Je lui ai donc dit : « D'accord, mais vous vous mettrez à côté de moi pour le contenir à la fin du match. » Finalement, Hamel m'a dit : « Je ne serai pas au match, faites comme vous voulez. » Cantona est donc parti avant ce dernier match. Le dernier mois, il était poursuivi par tous les grands clubs français (Monaco, Marseille, Matra-Racing...). Un jour, Bernard Tapie me téléphone à 18 heures et me dit : « T'es là ? Tu peux venir me chercher bientôt à l'aérodrome d'Auxerre et m'emmener chez Cantona ? » Je suis donc allé chercher Tapie et nous sommes arrivés chez Éric, qui était en train de peindre. Tapie entre et lui demande où il est né. Cantona lui répond : « À Marseille. » Et là Tapie répond : « À Marseille ? Eh bien tu viens jouer chez nous alors ! Mes conditions seront la meilleure offre que tu as reçue, plus un franc. Allez, salut ! » Tapie a repris son avion et quelques semaines plus tard, Cantona a signé à Marseille.

Pour nous, manager Éric a été tout bénéfice, car il nous a fait gagner un nombre incalculable de matchs. Le fameux but de Diego Maradona qui dribble six Anglais à la Coupe du monde 1986, Éric nous l'a fait dix fois. Il partait du milieu du terrain, dribblait tout le monde et marquait. Un jour où il avait fait une petite bêtise, j'avais annoncé une sanction le samedi soir à 22 h 30, ce qui signifiait selon le résultat du match. Je crois que c'était au Havre, avec de la pluie et un fort vent venant de la mer. En première période, il avait pris le ballon dans nos dix-huit mètres, fait un petit une-deux avec un coéquipier et était allé marquer. Et la seconde période, face au vent, il l'a passée à défendre, à faire une dizaine de fois des amortis de la poitrine pour ressortir la balle de notre camp. C'était exceptionnel. Il était encore pensionnaire au centre de formation, donc je lui avais signifié : « Tu seras privé de sortie durant deux semaines… avec sursis. »

Avec l'argent de son transfert à Marseille, on a construit la salle du centre de formation, unique en France. Il nous a couverts de gloire. Grâce à lui je suis devenu copain de Sir Alex Ferguson, son entraîneur à Manchester United. Lorsque Roger Boli a fêté son jubilé à Lens, Éric est venu avec son fils et m'a dit : « Je l'ai amené parce que je voulais que vous le connaissiez. » On a mangé ensemble ensuite, c'était une journée formidable. Avec Roger Zabel, nous sommes allés commenter pour TF1 son dernier match de Coupe d'Europe. Les patrons de la chaîne m'ont alors dit que cela faisait six mois qu'il n'avait pas donné une interview à la télévision française mais qu'il ne pourrait pas refuser de me voir. J'ai demandé à Éric et à Sir Alex Ferguson, qui m'ont dit qu'ils étaient d'accord à condition que je vienne seul avec un cameraman. J'avais préparé des questions, comme un journaliste, et cela s'est très bien passé. En 2016, pour l'anniversaire d'Éric, sa femme avait invité les dix personnages du monde du football qu'il avait préférés. J'en faisais partie, mais malheureusement, je me suis fracturé quatre côtes en glissant et je n'ai pas pu y aller.

On me questionne souvent sur la difficulté à gérer la jeune génération, et j'ai une opinion très ferme à ce sujet. Les hommes ont toujours été obligés de s'adapter. L'*homo sapiens* et l'homme actuel, c'est le même, ils cherchent à manger, ils élèvent leurs enfants… En quoi les gamins ont-ils changé ? Quand j'étais enfant, on faisait des buts avec des cubes, une règle posée dessus et puis les filets à cheveux que les femmes portaient à l'époque. Et on tapait dedans avec des billes. Les gamins d'aujourd'hui, bien sûr qu'ils ne jouent plus avec des billes, mais ils font la même chose avec des appareils électroniques. Pendant le confinement, mon petit-fils de quinze ans et un de ses amis expatrié au Brésil jouaient contre des petits Russes ou Hongrois à je ne sais quel jeu. Ils convenaient simplement de l'heure à cause du décalage horaire. C'est la même chose. Les jeunes n'ont pas changé du tout, c'est faux. De temps en temps, j'ai été amené à côtoyer des militaires parce qu'un grand-père, mon père et mon oncle ont fait une carrière complète dans l'armée et que j'étais l'entraîneur du Centre d'Instruction des Blindés de Trèves, qui faisait office de force française de football en Allemagne. Je suis allé, pour un tournage, au 152ᵉ régiment de Colmar, où le colonel a ressorti les notes de mon père pendant la guerre de 1940. Je voyais les militaires dans la cour, c'étaient les mêmes que mes compagnons et moi dans la cour en Allemagne en 1962. Rien ne change. On devait râler et ils râlent aussi. Il peut y avoir des antagonismes, une bagarre, etc. Je vois nos petits footballeurs auxerrois arriver en juniors, en professionnels, c'est la même chose. Ils ont les mêmes soucis, il faut simplement s'adapter. L'homme ne bouge pas, il évolue, tout simplement. Avant on avait la plume d'oie, puis le stylo et maintenant les tablettes, mais l'écriture reste la même.

Dans un vestiaire il y a des différences de caractères, de niveaux intellectuels et d'âges. L'âge joue beaucoup. J'avais par exemple une sorte de « conseil des sages ». Mais parfois, l'âge est contraire aux idées reçues, puisqu'on peut avoir un joueur de dix-huit ans très raisonnable et un trentenaire intenable et jamais à l'heure. Pour surveiller cela, j'arrivais toujours le premier au stade, je me mettais en tenue et quarante-cinq minutes avant le début de l'entraînement, je me postais au pied de la porte et je serrais la main de tous mes joueurs. Puis pile à l'heure où le rendez-vous était fixé, je fermais la porte et je calais mon talon dessus. Celui qui était en retard d'une minute était obligé de pousser mon talon, ce qui faisait rire tous les autres, et était tenu de venir dans mon bureau après l'entraînement pour m'expliquer pourquoi il était en retard. Parce qu'il y a une très grosse différence entre un gars dont la femme a accouché dans la nuit ou qui a été arrêté par la police qui l'accuse d'avoir brûlé un feu rouge et un retard d'un gars qui ne s'est pas levé. Si ça allait bien, il me disait : « Coach, le réveil n'a pas sonné. » Je lui disais alors qu'il avait brûlé son joker. S'il recommençait, cela dépendait de combien était le retard, quelle en était la raison, etc. Je disais au fautif qu'il devait se mettre devant lors du footing du mardi. Je n'ai jamais mis d'amende, parce qu'en Division d'Honneur mes joueurs ne gagnaient rien, ils avaient simplement 25 francs de prime. Je n'allais pas leur prendre ce qu'ils avaient sur leur livret de Caisse d'Épargne alors qu'ils bossaient déjà 51 heures par semaine à l'usine. Un jour, un de mes joueurs, qui travaillait dans le bâtiment, arrive le soir à l'entraînement et m'explique : « J'ai fait des plafonds pendant onze heures, je ne peux plus lever les bras. » Je lui ai gentiment répondu : « Ça ne fait rien, tu n'auras pas besoin de lever les bras, tu feras simplement six kilomètres au lieu de huit. » La punition suprême, en plus de trente ans en première ou deuxième division, je n'ai presque jamais eu besoin de l'appliquer.

Pour les jeunes du centre de formation, la punition était la suppression des sorties. Pendant une période, les matchs de première division se jouaient le vendredi soir, car les présidents les plus puissants avaient décidé ça pour avoir leurs week-ends libres. Le samedi, j'allais donc voir les matchs de CFA, même ceux à l'extérieur quand il fallait faire deux ou trois heures de route. Et quand je rentrais de ces déplacements, vers minuit, je passais toujours devant le centre de formation et je garais ma voiture en haut d'une bute, pour tout voir. Et un soir, j'aperçois quelque chose de blanc devant une fenêtre. Je m'approche en me cachant, sans faire de bruit, et je vois Roger Boli assis sur le rebord de la fenêtre, avec une magnifique chemise blanche. Je m'approche et lui demande ce qui lui arrive et là, malin comme il était, je le vois en train d'inventer une histoire et débute un succulent dialogue :

— Oh, bonsoir, coach !
— Qu'est-ce que tu fais, Roger ?
— Coach, c'est le chat.
— Quel chat ?
— Le chat gris qui vient tout le temps. Il miaule et on ne peut pas dormir.
— Ah bon… Et qu'est-ce que tu fais ?
— J'essaie de l'attraper pour l'envoyer plus loin.
— D'accord, mais pourquoi avoir mis une chemise blanche et un costume pour attraper ce chat ?
— Coach, c'est pour ne pas avoir froid.
— Un pull-over c'est encore mieux qu'un costume tu sais. Tu allais sortir.
— Ah non, pas du tout ! D'ailleurs je ne suis pas sorti, je suis à la fenêtre.
— Va vite te coucher, je m'occupe du chat.

Une autre fois où l'on avait fermé toutes les issues, on trouve les jeunes dehors. Mais impossible de savoir par quel endroit ils avaient réussi leur fugue. Je les ai donc réunis en leur expliquant qu'on savait qu'ils étaient tous sortis. Il y en a même un qui a levé la main pour me dire : « Monsieur, vous m'avez oublié, moi aussi je suis sorti. » Ils voulaient un billard, et comme on ne pouvait pas leur mettre d'amende, on leur a demandé de faire un don au centre de formation sous le nom de « participation à l'amélioration de la salle de jeux ». J'ai donc dit : « Ce sera 1000 francs, avec une réduction de 10 % pour celui qui me dira par où vous êtes passés. » Roger Boli a été le premier à lever la main pour me dire : « Monsieur, monsieur, j'ai besoin d'argent, je vais tout vous dire ! » Alors qu'on aurait pu croire que ses coéquipiers seraient fâchés, ils étaient tous pliés de rire. C'était la première cuvée du centre de formation. Il n'y en avait que trois autres en France, à Sochaux, Nantes et Lens, et ils étaient pleins. Donc on a pu choisir les quinze meilleurs français et on a par exemple refusé Christophe Galtier, l'entraîneur de Lille, qui a fait une belle carrière. Cette équipe était formidable, avec plusieurs futurs internationaux français comme Basile Boli, Éric Cantona, Lionel Charbonnier ou Pascal Vahirua. Daniel Rolland, le directeur du centre de formation, était très dur avec eux, mais on ne les éduquait pas pour qu'ils soient des momies. Ils savaient que même s'ils faisaient des bêtises et qu'on était obligés de les sanctionner, on avait de l'estime pour eux. Je ne voulais pas des dormeurs et je leur disais : « Si vous êtes un mois sans faire une bêtise, je vais m'inquiéter et me demander si on ne s'est pas trompés. »

Je souscris tout à fait au côté paternaliste que l'on me prête souvent. Pour un enfant il y a la mère et le père, donc ce n'est pas très grave d'être paternaliste. Pouvait-il en être autrement ? Il fallait avoir de l'autorité sur eux. Mais je ne suis jamais demandé si j'aimais ou n'aimais pas ce rôle. De

1961 à 2007, hormis une année pendant laquelle je me suis reposé, je ne me suis pas demandé si je faisais de l'éducation. Je faisais tout simplement du football, dans le but de monter de Division d'Honneur en première division, puis d'aller en Coupe d'Europe et de la gagner, ce que je n'ai malheureusement pas réussi à faire. Il y a des joueurs qui m'appellent encore régulièrement. Parfois, certains téléphonent pour me souhaiter une bonne année alors qu'ils n'avaient plus appelé depuis dix ans. Mais j'ai eu plus de 600 joueurs, donc il m'arrive même parfois d'en rencontrer un et de ne pas le reconnaître. L'autre jour j'étais dans un grand magasin, je faisais la queue à la caisse et j'entends : « Coach, passez devant moi. » Je demande à cet homme si l'on se connaît, et il s'agissait de Dominique Dion, l'un de mes anciens gardiens de but.

En DH et CFA, les joueurs me tutoyaient. Puis en deuxième division le tutoiement et le vouvoiement étaient utilisés à parts égales. Le dernier qui m'a tutoyé a été Gérard Hallet, un ancien milieu de terrain qui avait joué au Paris Saint-Germain. Nous sommes devenus amis et avec le président Hamel nous lui avons trouvé un magasin de sport à Auxerre, qu'il a magnifiquement géré avec sa femme. Nous avons même été voisins ensuite. C'est lui qui a été le déclencheur de mes célèbres mises au vert. C'était le meilleur joueur de mon équipe, un ailier gauche très grand et qui courait plus vite que tout le monde. De mon côté, je tutoyais tous mes joueurs en leur expliquant que je ne pouvais pas leur dire « Monsieur Cocard, pouvez-vous s'il vous plaît vous replier et reprendre votre arrière ? », mais que « Coc', reviens ! » ça va beaucoup plus vite. Basile Boli, qui me téléphone souvent, me tutoie les trois quarts du temps mais me vouvoie lorsqu'il y a du monde avec nous. Il est employé par l'OM mais il est resté Auxerrois, signe qu'on lui a transmis de belles valeurs et que notre façon de manager était bonne.

Mises au vert, rocher magique et superstition

Je me suis vite aperçu que quand on doit faire vivre une troupe, c'est plus facile de lui donner des habitudes pour ne pas avoir à répéter les choses. Pour moi, la semaine d'un footballeur était rythmée par des rendez-vous et l'un des plus importants a été la mise au vert. En plus de trente saisons professionnelles, j'en ai effectué pas loin de mille. Nous étions le club qui en faisait le plus en France, peut-être même dans le monde. Tout a commencé au début des années 1970 « à cause » de Gérard Hallet, mon meilleur joueur. On jouait contre le Paris FC à domicile et nous avions rendez-vous à 11 heures chez la mère d'un dirigeant, qui nous faisait des biftecks, pour manger tous ensemble. J'étais chez moi et Gérard, qui habitait à côté, frappe à la porte et me dit : « Ne me fais pas jouer, je n'ai dormi que deux heures cette nuit. » L'un de ses deux fils avait eu les oreillons et Gérard avait appelé le médecin et était allé chercher des médicaments à la pharmacie de garde, ne dormant quasiment pas de la nuit. Je lui ai dit : « Va te recoucher, on te réveillera à midi pour manger un repas léger et tu joueras à trois heures. » On a gagné 3-0 et il a été le meilleur sur le terrain, mais j'ai décidé qu'à partir de la saison suivante, si on montait en deuxième division, il y aurait des mises au vert. Ma phrase était : « Les oreillons, ce sera pour les mamans. »

Ces mises au vert permettent d'éviter d'autres problèmes à un garçon qui est chez lui, souvent avec une dame et des enfants. Si sa femme lui fait une scène, ça le désarçonne, et si elle est de trop bonne humeur, la pratique de la mise en route des bébés est fatigante et pour certains joueurs, catastrophique quelques heures avant un match. Quand j'étais joueur, c'était à la mode pour les clubs de parler des relations sexuelles. On nous avait donc indiqué, matchs d'entraînement à l'appui, le timing qui nous nuisait le plus. Pour moi, c'était 48 heures avant. La veille du match, ou même juste avant, cela ne me gênait pas beaucoup. Mais 48 heures avant, je devenais ensuite un diesel, sans influx nerveux et sans vivacité pendant la rencontre. Et puis il y a tous types d'incidents de la vie quotidienne, le risque que les joueurs se couchent très tard, etc.

Pour les matchs à domicile, le rite était le suivant : rendez-vous à 19 heures à l'hôtel pour prendre les chambres. À Auxerre, même si nous étions un club avec un petit budget, la particularité était que les joueurs étaient dans des chambres individuelles, parce que certains téléphonent quand d'autres veulent dormir ou, comme au début de ma carrière, certains fumaient et d'autres non. Pour le repas, il y avait un menu type : potage aux légumes, dont je vérifiais moi-même la qualité en cuisine avant le service, puis un poisson avec des pâtes, une salade, un morceau de fromage dur et une tarte. Ayant des musulmans dans mon équipe, j'ai très rapidement proscrit le porc, et lorsqu'il y avait du jambon je leur préparais de la dinde. Après le repas, tout le monde buvait une tisane, que j'apportais moi-même. C'était un moment d'échange, les gars étaient généralement au bar de l'hôtel, plus décontractés qu'à table. Le repas devait être servi en quarante-cinq minutes, je le spécifiais explicitement dans les contrats passés avec les hôtels. Sinon, vous pouvez rester à table une heure et demie et comme le rythme d'un club de première division qui joue la Coupe d'Europe est d'environ deux cents repas en commun, il y a plutôt intérêt à ne pas rester à table trop longtemps. Ensuite, selon les époques, ils jouaient aux cartes ou à la console de jeux. Là, il fallait faire attention à ce qu'ils ne veillent pas trop tard. J'effectuais une patrouille vers 22 h 30 et j'exigeais que chacun soit dans sa chambre. Ce n'était pas une mince affaire, c'était un boulot très sérieux.

Le grand enjeu des mises au vert était que les joueurs ne s'en échappent pas. Or, ils avaient tout pour fuguer : l'âge, l'envie et les filles qui les attendaient. Je mettais donc les veilleurs de nuit dans ma poche afin qu'ils soient mes employés pendant quelques heures, à la sympathie. Dans les

Novotel, je veillais aussi aux escaliers de secours. Quand je raconte cela à des entraîneurs, ils me répondent : « Oh, les joueurs sont professionnels, ils savent ce qu'ils ont à faire ! » Gérard Bourgoin, mon dirigeant et ami, qui a eu 5 000 ouvriers dans une douzaine d'usines de volaille, me disait quant à lui que « la confiance n'exclut pas le contrôle ». C'était aussi ma devise. Je me couchais donc toujours le dernier. Même dans les meilleurs moteurs, il y a parfois de l'huile qui s'échappe, et je pense que j'ai eu quelques fuites, mais beaucoup moins que si je n'avais pas veillé au grain. C'est tellement important pour un athlète de sauver sa dernière nuit de qualité avant la compétition. Pour moi, c'est à l'entraîneur d'en être responsable. Un autre ne pourrait pas agir de la même manière.

Cela a bien sûr donné lieu à quelques scènes cocasses. La veille d'un match, je fais ma patrouille vers 22 heures et je ne trouve personne dans les chambres. J'arrive à la dernière porte du couloir et j'entends une énorme rigolade. C'était Jamel Debbouze, qui était ami avec l'un de mes joueurs, qui répétait un sketch au téléphone. Tous les joueurs étaient regroupés, je suis venu écouter le sketch avec eux et, même si cela nous a fait déborder sur l'horaire habituel du coucher, il y avait une ambiance formidable. Lorsqu'on était dans une mauvaise série, j'aurais d'ailleurs bien aimé avoir Jamel Debbouze avec nous quelques veilles de match pour dérider un peu l'atmosphère…

Le matin, les joueurs devaient arriver dans la salle du petit déjeuner à 8 h 30, mais j'étais moins sévère que pour les autres horaires. La veille au soir, je demandais qui voulait *L'Équipe* ou un autre journal et je me débrouillais pour les faire venir. Ceux qui voulaient les journaux les payaient. Non pas parce que le club n'avait pas les moyens de les acheter, mais parce que quand on achète un journal, on le lit. J'avais remarqué que dans les hôtels qui fournissaient les journaux, tous traînaient, étaient mélangés et les joueurs ne regardaient que ce qui les concernait. Alors que celui qui a payé son journal pense que c'est une forme d'amortissement de le lire. Je prêtais attention à cela. Par exemple, Bruno Martini, qui était assez intellectuel, pouvait lire *Le Monde*. Les plus mordus de foot lisaient *L'Équipe* et *France Football*. De mon côté, je demandais toujours à l'hôtel où nous étions en déplacement d'avoir le journal régional du jour et celui de la veille, car très souvent les entraîneurs se laissent aller et racontent comment ils vont organiser leur équipe. Quand j'avais affaire à un naïf comme ça, j'étais très content. Personnellement, j'aurais plutôt eu tendance à donner une fausse équipe et de faux détails. C'est d'ailleurs ce que je faisais les veilles de matchs de Coupe d'Europe, avec une opposition de dix minutes avec une fausse équipe de titulaires.

Le kiné, qui à domicile ne restait pas la nuit pour économiser une chambre, revenait le matin et soignait les petites blessures, pendant que j'allais faire un footing de six kilomètres en forêt. C'est au cours d'un de ces footings de matin de match, fin 2001, que j'ai ressenti des blocages cardiaques qui ont occasionné une opération à cœur ouvert une semaine plus tard. Je prenais toujours un hôtel avec des terrains de tennis, ou j'allais en trouver un à proximité. J'organisais des parties tennis-ballon, avec victoire pour la première équipe qui arrivait à huit points. Mais les joueurs trichaient et comptaient trois fois le même point pour que cela dure plus longtemps. Je les faisais ensuite asseoir dans le coin du terrain, le long du grillage, et je leur donnais l'équipe, même s'il y avait très peu d'inconnues après la semaine d'entraînement. J'appelais les joueurs, qui allaient se placer sur un demi-terrain de tennis, le gardien de but dos au filet, dans le 4-3-3 que j'utilisais. Et là, c'était un tableau noir vivant, lors duquel je formais les duos, les trios. Puis je répétais le placement du mur en posant le ballon par terre à différents endroits pour que le gardien puisse placer ses joueurs, car trop souvent c'est improvisé pendant le match. J'impliquais aussi les remplaçants. Je faisais également faire des corners défensifs et offensifs, sans ballon, juste avec des mouvements devant le but. Je pense que c'était bien mieux que des coups de feutre sur une feuille blanche. Enfin, je finissais par quelques mots de motivation et sur l'équipe adverse, mais assez rapidement.

À midi il y avait un autre repas et, même si le placement était libre il était toujours le même, à un ou deux éléments près. On laissait toujours une place vide au milieu pour le président Hamel, qui arrivait toujours en retard parce qu'il travaillait. Là aussi il y avait un repas type : bouillon de légumes, pour donner des sels minéraux et de l'eau au corps, du jambon de porc ou de volaille, un steak de

200 grammes, des féculents, une compote et une tarte. Les joueurs allaient ensuite dormir avant la collation de 16 h 30 et le dernier briefing, comme le font tous les entraîneurs du monde. Après cela, il était convenu que je n'intervenais plus. Il appartenait au capitaine de prendre le commandement. Pour les matchs à domicile, je me rendais d'ailleurs au stade avant et les joueurs arrivaient plus tard en bus avant l'échauffement. À ce propos, j'ai toujours trouvé que les échauffements étaient trop courts. Un jour, je dînais à côté de Christine Arron, recordwoman d'Europe du 100 mètres (10"73) et je lui ai demandé combien de temps elle s'échauffait avant une course. Sa réponse m'a bluffé : « Deux heures et demie. » Elle échauffait muscle par muscle, travaillait avec un kinésithérapeute et ensuite faisait sa mise en route pendant 45 minutes, pour terminer par un sprint. En comparaison, l'échauffement avant un match de Ligue 1 dure une vingtaine de minutes.

Mais revenons à nos mises au vert. Pour les très grands matchs de championnat et de Coupes d'Europe, ou les rares années où nous étions menacés de descente, je me rendais dans un endroit bien particulier pour les effectuer. Il s'agissait d'une auberge nommée « Les Brizards », située en pleine forêt à 600 mètres d'altitude, complètement isolée, à une heure et demie d'Auxerre. C'était un ancien bistrot fermier, avec un monastère à deux kilomètres. Un jeune cardinal de Rome, accompagné d'un abbé, venait chaque année pour effectuer la comptabilité de ce monastère et rapporter l'argent au Vatican. Lorsqu'il était présent, il mangeait dans la même salle que nous donc il ne fallait pas faire trop de bruit. La patronne de l'auberge faisait exceptionnellement de grandes manières pour le servir. « Monseigneur, Monseigneur... » On se serait cru dans *La Folie des Grandeurs*, avec Louis de Funès et Yves Montand. Certains joueurs, notamment les Polonais, m'avaient demandé d'aller au monastère pour le visiter. Un jeune moine très érudit nous a guidés et son dialogue avec Christophe Cocard, à l'esprit très vif, aurait pu donner un très bon sketch, puisque mon joueur lui a notamment demandé s'il avait la télé dans sa chambre. Ces moines, qui imprimaient des livres d'art commandés dans le monde entier, avaient le droit de parler uniquement lors du petit déjeuner. Ils faisaient aussi du fromage, coupaient du bois, etc. Certains étaient ermites lors de l'été, ils vivaient dans une cabane et se faisaient ravitailler. Un après-midi de juillet, pendant que les joueurs dormaient, je me suis rendu à un étang situé à deux kilomètres de l'hôtel pour me baigner et je suis tombé sur un moine dans une hutte. Je lui ai d'abord demandé s'il avait le droit de me parler, puis il est venu avec moi. Il s'est mis en caleçon de bain bleu, mais il l'avait reprisé en jaune et en rouge là où les mites avaient dû faire un casse-croûte. Nous avons discuté et il m'a révélé qu'il venait d'Angers et habitait dans la même rue que Raymond Kopa.

Dans cette auberge, les joueurs passaient beaucoup de temps devant les cheminées qui étaient présentes dans plusieurs salles. Leur plus grande farce, c'était de jeter les ampoules vitaminées que je leur donnais pour créer une petite explosion et faire peur à la patronne. J'avais peur qu'ils tuent la mère de la gérante, qui avait 90 ans et qui sursautait à chaque « boum ». Tout se déroulait dans une ambiance familiale très sympathique. Le cuisinier était l'ami de cette dame âgée, mais il avait vingt ans de moins. Il allait nous chercher des champignons dans la forêt. Il n'y a pas beaucoup d'équipes qui, avant un match de Coupe d'Europe, mangeaient des girolles et des cèpes magnifiques. Certains joueurs n'en avaient d'ailleurs jamais vu autrement que dans des boîtes. Ce cuisinier, que tout le monde appelait Lulu, était accordéoniste dans les bals et grand spécialiste des histoires drôles, grivoises ou non. Dès qu'on arrivait, Basile Boli lui lançait : « Lulu, sors-nous-en une petite ! » Et Lulu de lui répondre : « Sors donc déjà la tienne ! »

La veille du match, on faisait des promenades qui duraient deux ou trois heures. Si des joueurs traînaient, ils se perdaient. Une fois, Robert Sab, un Franco-Brésilien qui venait de Lens, s'est perdu et n'a retrouvé l'auberge qu'à minuit. À force de tourner, de prendre des allées à droite et à gauche, il était retombé dans un village situé à 11 kilomètres d'où nous logions. Il a réveillé quelqu'un qui l'a ramené en voiture. Le lendemain, nous avons corrigé Toulon et il a été excellent. Il avait pris suffisamment de bon air. Un midi, nous étions au bord d'un petit ruisseau, dans lequel nageaient beaucoup de truites. Daniel Dutuel, originaire du Cantal, nous a montré comment les attraper à la main. Nous avons appris qu'une truite place toujours sa tête sous une pierre et qu'il faut les prendre à ce moment-là. Nous avions donc souvent un repas de truites fraîchement pêchées, qui avaient grandi en rivière, c'était formidable.

La veille du match nous allions nous entraîner à Avallon, à 19 kilomètres de là. Le maire avait soigné le terrain pour nous et leur équipe nous remerciait toujours, car la pelouse était de très bonne qualité. Lors des très grands matchs, je décrétais un huis clos. Enfin plutôt un faux huis clos, car l'adversaire arrivait toujours à glisser quelqu'un pour nous observer. Mais je le repérais, ou le faisais repérer, et m'arrangeais pour qu'on le laisse rentrer. Il prenait des notes pendant que je faisais faire à mes joueurs des « faux corners », des « faux coups francs », des « faux penalties » et une opposition avec une équipe qui n'allait pas être celle alignée le lendemain. Je l'ai fait en février 2005, lors de ma dernière grande victoire à domicile face à l'Ajax Amsterdam (3-1), en 16e de finale retour de la Ligue Europa, où j'avais repéré un Néerlandais dans la tribune la veille du match. Ce soir-là, j'ai battu Ronald Koeman, aujourd'hui entraîneur du FC Barcelone.

Lors d'une des deux confrontations face à Dortmund, nous avions barré les routes qui menaient à notre auberge parce que les journalistes allemands, notamment ceux de *Bild*, voulaient absolument venir interviewer nos joueurs. J'avais donc placé des gendarmes sur la petite route qui menait aux Brizards. Ne pouvant passer, ces journalistes sont montés à pied dans les petites montagnes du Morvan et, quand je suis arrivé, la patronne a pris un air très sérieux en me disant : « Regardez là-bas dans les arbres, il y a des

Allemands avec des jumelles et des appareils photo ! » Elle était remontée, d'autant plus que cet hôtel était un lieu de réunion des résistants pendant la Seconde Guerre mondiale. Le patron est allé chercher son fusil de chasse, je lui ai dit : « Donne-moi deux cartouches et mets du petit plomb. » La portée d'un fusil de chasse est de 300 mètres maximum, et les journalistes étaient à 500 ou 600 mètres. J'ai pris le fusil, j'ai visé et j'ai tiré. Les plombs sont retombés dans les feuilles, il n'y avait aucun danger. Le lendemain, *Bild* a titré : « Guy Roux tire sur nos photographes ! »

Le matin du match, nous allions dans un hôtel intermédiaire, à une soixantaine de kilomètres d'Auxerre, et nous reprenions notre routine habituelle : chambres, tennis, collation, etc. Lorsque nous arrivions au stade, le responsable de la sécurité, un ancien colonel de gendarmerie, avait un jour décidé d'écarter tous les spectateurs. Mais je trouvais qu'arriver au milieu de la foule et des drapeaux était formidable, donc j'ai fait rétablir le fait que notre bus fende nos groupes de supporters. Cette arrivée en bus m'a d'ailleurs valu une belle engueulade avec Louis van Gaal, le manager de l'Ajax Amsterdam lorsque nous les avons affrontés en 1996 en Ligue des champions. J'avais fait arrêter leur bus à l'extérieur du stade et les joueurs, par deux, étaient obligés de porter les malles contenant tous leurs équipements jusqu'aux vestiaires. Van Gaal était derrière, en imperméable gris, il fulminait, c'était extraordinaire. Pour ces mises au vert et l'arrivée au stade, j'étais opposé aux uniformes, ce qui est un peu paradoxal par rapport aux rites qui me sont chers. Mais je voulais laisser mes joueurs dans leur cocon, qu'ils gardent leur personnalité, notamment à travers leurs vêtements. Lors d'un de nos nombreux matchs contre l'Ajax en Coupe d'Europe, Christophe Cocard est même arrivé au stade avec un bermuda à fleurs. Chacun s'habillait comme il le voulait.

Ces fameux Brizards avaient un autre atout, puisque non loin se trouve ce que j'appelle le « rocher magique », une petite montagne en granit pur sur laquelle on peut monter. L'hôtel servait toujours de bistrot pour les paysans de la région, qu'en d'autres temps j'aurais qualifié de « petits vieux », et l'un me dit un jour : « Je suis allé sur le rocher, ça a fait du bien à mes rhumatismes, je n'ai plus mal. » Il précise que ses parents allaient aussi là pour soigner certaines douleurs. Je savais déjà qu'il y avait un flux magnétique plus fort à cet endroit-là, parce que tous les monastères du Moyen Âge sont construits sur des veines terrestres à fort magnétisme. Une autre fois, le médecin local était présent et je lui ai demandé si c'était vrai et il m'a dit que c'était reconnu par la science et qu'on soignait les douleurs musculaires avec des aimants. La fois suivante, j'ai donc expliqué tout cela aux joueurs et la fin de la promenade s'est terminée par une causerie sur le rocher, et nous avons gagné. Ce rituel est resté intact pour tous les grands matchs, en Coupe de France comme en Coupe d'Europe, ou les rares saisons où nous n'étions pas bien. J'essayais de donner une petite dose de magie en dernière minute. Les joueurs s'asseyaient sur la pierre et posaient les mains dessus. Je revois par exemple

Laurent Blanc le faire, avant la finale de la Coupe de France 1996 contre Nîmes (2-1). Un réalisateur m'y a aussi emmené pour tourner un reportage sur moi et j'ai failli y laisser ma peau. Je me suis assis sur le rocher, j'ai posé mes mains et là il me fixe et me dit : « Ne bougez surtout pas ! Il y a une vipère à côté de votre main... » J'ai vu la vipère, j'ai retiré doucement ma main et je suis parti sans me faire piquer.

Ce rituel montre bien que je suis un petit peu superstitieux. Je faisais ça pour me renforcer. J'ai eu une éducation catholique mais j'ai quitté le catholicisme brusquement, à l'âge de neuf ans, puisque ma mère était paralysée et on m'avait dit qu'elle allait guérir après un pèlerinage en Alsace. Et lorsqu'elle m'a écrit, elle n'était pas guérie... J'ai donc ensuite cherché toutes les formules possibles pour justifier ma position. Par exemple, en période de pandémie, je dis souvent : « Dieu peut-être, mais bon Dieu non. » Je ne prétends toutefois pas que ceux qui ne croient pas sont plus intelligents que ceux qui croient, ou le contraire. La superstition c'est autre chose, c'est lorsque vous essayez de contrôler le hasard en créant des événements fictifs répétés que vous arrivez à croire favorables. Cela rassure, mais ce sont des choses parfois complètement stupides. Par exemple, il fallait que je trouve une fleur jaune chaque matin de match, même lorsque notre hôtel était situé dans une zone pavillonnaire. Je la glissais dans mon manteau, où se trouvait la fleur jaune du match précédent, que je remplaçais par la nouvelle. Je suis bien conscient que c'est tout à fait risible, mais cela me faisait du bien. À domicile, j'arrivais deux heures avant le match et je garais toujours ma voiture au même endroit. J'ai gagné plus de matchs que j'en ai perdu, mais j'en ai perdu quand même quelques-uns…

Lors de la saison 1995-1996, j'ai aussi expérimenté une autre forme de superstition. Avant une rencontre de la première partie de saison, un homme me téléphone et me demande si je veux gagner le championnat de France. On avait alors dix points de retard sur le Paris Saint-Germain. Je lui réponds qu'évidemment je veux le gagner, mais qu'il y a un sacré chemin à parcourir. Il me rétorque : « Non, non, je fais gagner l'équipe que je soutiens et je vais vous en apporter la preuve. Vous allez me payer un billet de train Bordeaux-Paris, me loger à l'hôtel et m'acheter des places pour les deux prochains matchs que Paris joue à domicile en une semaine. Sur deux matchs, vous allez leur reprendre cinq points. » J'accepte et lors du premier match le PSG perd. Nous gagnons et nous récupérons déjà trois points. Lors du deuxième match, Paris mène mais à quelques minutes de la fin du match, un adversaire veut centrer mais le ballon passe entre le coude et le poteau de Bernard Lama et finit au fond des filets. De notre côté, nous gagnons et le lendemain cet homme me téléphone pour me dire : « Vous avez vu, je vous l'avais dit. Il faut faire un contrat. Si vous êtes champions, vous me devrez tant. » Au début je refuse, mais après quelques négociations on tombe d'accord et il me dit : « Le lendemain du jour où vous serez champions, je serai devant la porte de chez vous à sept heures du matin. »

La saison suit son cours et puis avant un 8e de finale de Coupe de France il me rappelle et me demande : « Vous ne voulez pas gagner la Coupe aussi ? » Et l'on trouve à nouveau un accord, mais quand même pas au même prix, car il y avait moins de matchs à jouer. Chez moi, je prends donc une caisse de vin vide dans laquelle je commence à placer de l'argent, pour ne pas être pris au dépourvu au cas où l'on gagnerait le championnat et la Coupe, ce qui est finalement arrivé. Le lendemain du titre, au retour de notre match à Guingamp et alors que je m'étais couché une heure et demie plus tôt, quelqu'un sonne chez moi à sept heures du matin. C'était ce mystérieux homme, à qui j'ai donné la caisse de vin remplie d'argent liquide en lui disant : « Vous voulez recompter ? » Et là il place ses mains dessus et me répond : « Non, il y a le compte. » Il est parti comme ça, mais l'année suivante nous jouions la Ligue des champions, dans une poule difficile avec l'Ajax Amsterdam, les Glasgow Rangers et le Grasshopper Zurich et il me rappelle. La saison précédente j'en avais bien sûr parlé au président Hamel, mais il n'avait pas voulu payer, donc j'y étais allé de ma poche. Là, je ne voulais pas remettre de l'argent. Mais cet homme avait de la chance, puisqu'il avait fait ça avec l'équipe de basket de Limoges et celle de football de Nantes, qui jouaient toutes deux en jaune et qui avaient été championnes récemment. Il m'a donc conseillé de jouer nous aussi en jaune. J'ai refusé, car l'AJA a toujours joué en bleu et blanc, les couleurs de la Vierge, donc il m'a dit qu'il fallait que mon gardien porte du jaune, ce qui m'allait très bien. J'ai quand même réuni une petite équipe, dans laquelle n'a pas voulu figurer Jean-Claude Hamel, pour constituer une cagnotte. Résultat, on a terminé premiers de notre groupe de Ligue des champions et sommes allés en quarts de finale. Et puis un jour, on a perdu… On m'a ensuite raconté que cet homme est allé à Montpellier, conseillant aux femmes des joueurs de porter des sous-vêtements jaunes, et la veille du match il aurait marché sur le terrain jusqu'au point de penalty et indiqué : « Ça se jouera là. » Et le lendemain Montpellier a perdu 1-0 sur un penalty…

C'était une manière de domestiquer le hasard. Une autre fois, un homme africain m'écrit et place un petit bout de bois avec sa lettre. Il me dit : « Je regarde tes matchs, Franck Silvestre a un très bon jeu de tête mais il ne marque jamais. Vous allez lui donner ce morceau de bois magique, qu'il devra mettre dans sa chaussette pour marquer un but. » Je n'osais pas trop en parler à mon joueur, de peur qu'il me prenne pour un fou. Mais je prends quand même un sparadrap et je lui dis d'attacher ce petit bout de bois sur son protège-tibia. Premier corner du match, Silvestre monte, il est à la lutte de la tête, la balle retombe au sol… et il marque du pied. Cet homme m'a donc recontacté, car il voulait de l'argent pour un prochain conseil. J'ai simplement donné un peu d'argent pour « payer » ce premier but mais ça s'est arrêté là et on a perdu le match suivant. Toute ma vie, j'ai voulu guider ou acheter le hasard…

Sabri Lamouchi : « Les messes du football se sont jouées à l'Abbé-Deschamps »

Recruté par l'AJA alors qu'il jouait en deuxième division, à Alès, Sabri Lamouchi a connu les plus belles heures du club, avec en point d'orgue le doublé coupe-championnat en 1996 et un quart de finale de Ligue des champions l'année suivante. L'international français se souvient avec émotion de ses quatre saisons (1994-1998) passées sous les ordres de Guy Roux.

Si je vous dis Guy Roux, qu'est-ce qui vous vient en premier à l'esprit ?

Énormément de choses. C'est mon premier entraîneur en Division 1, un homme opiniâtre, brillant, intelligent, qui a réussi à construire l'AJA avec Jean-Claude Hamel et Gérard Bourgoin. C'était le patron du sportif, avec une méthode bien à lui, proche de ses joueurs, un peu paternaliste. J'ai forcément plein de petites anecdotes avec lui.

Pouvez-vous en donner quelques-unes ?

La première, c'est qu'avant de rejoindre l'AJA j'étais joueur en deuxième division, à Alès, et il m'appelait tous les matins pour me dire : « Il ne faut surtout pas signer à Monaco, là-bas tu vas porter les ballons alors que chez nous tu vas jouer. » J'ai eu parfaitement raison de l'écouter, car je pense que si je ne n'avais pas rencontré Guy Roux, ma carrière aurait pu être totalement différente. Après, lors de mon premier jour à Auxerre, avant même de signer mon contrat, je suis allé manger avec lui au centre de formation et je vois le cuisinier qui lui donne un gros sac de pain rassis qu'il va mettre dans le coffre de sa 405. Et nous voilà tous les deux à aller visiter la maison qu'il m'avait personnellement choisie dans son village d'Appoigny, puis s'engouffrer dans la forêt pour aller voir son étang. Et là, il ouvre le coffre et on se retrouve tous les deux à jeter du pain aux canards. Ce sont des choses inimaginables aujourd'hui, et à l'époque aussi d'ailleurs. Un jour aussi j'avais une très forte toux, j'étais vraiment malade et il est venu à la maison, a fait chauffer de l'eau et m'a fait de la tisane pectorale avec du miel et deux jours après j'étais rétabli.

C'est un homme qui semble vous avoir marqué à vie…

Bien sûr, et cette année encore il m'a appelé pour me souhaiter ses vœux. J'étais occupé et je vois trois appels manqués de Guy Roux. Un soir nous nous sommes finalement eus au téléphone et nous avons discuté trois quarts d'heure. Il souhaitait simplement prendre de mes nouvelles, comme je l'avais fait avec lui lors du premier confinement pour savoir comment il allait et s'il avait besoin de quoi que ce soit. Et un an après, c'est lui qui m'a téléphoné pour me dire que c'était injuste que je me sois fait licencier à Rennes et à Nottingham Forest mais que j'avais bien fait de signer au Qatar, car le football européen allait traverser une période compliquée pendant quelques années. Je trouve ça extraordinaire que cet homme-là, avec tout ce qu'il a réalisé et à quatre-vingt-deux ans, prenne le soin de m'appeler pour savoir comment je me porte. Quand j'ai raccroché, c'est d'ailleurs ce que j'ai dit à ma femme : « Tu ne peux pas imaginer pourquoi Guy Roux m'appelle… » C'est juste dingue et c'est pour cela qu'au-delà du respect et de l'admiration, j'ai une profonde estime pour l'homme qu'il est et ce qu'il a réalisé.

En tant que coach, vous servez-vous de certaines de ses méthodes ?

Absolument pas ! Je ne reprends rien de lui, car Guy Roux c'est Guy Roux. C'était un professeur. Il ouvrait son cahier et chaque année, chaque semaine et chaque jour les séances d'entraînement étaient les mêmes. Tous les joueurs se plaignaient, les générations d'avant et d'après aussi. Mais en quittant Auxerre, tout le monde se rendait compte de ce qui leur manquait. J'ai récemment eu l'occasion de croiser Laurent Blanc, Corentin Martins ou Franck Silvestre et on reparle toujours de cette période et de ce personnage.

Lorsqu'il était entraîneur, il suffisait qu'il dise quelque chose et tout le monde s'exécutait. C'était un avant-gardiste, car il a trouvé les solutions pour emmener cette petite ville d'Auxerre au sommet. Il faut bien se rendre compte qu'à l'époque, les messes du football se sont jouées à l'Abbé-Deschamps. Et tout ça, c'est grâce à lui. Il anticipait toujours les départs de ses joueurs avec d'autres absolument pas connus et il en faisait des internationaux. J'en suis l'exemple. J'ai beaucoup de respect, car il a toujours très bien parlé de moi alors que pourtant on a eu des prises de bec. Mais j'adorais discuter avec lui parce qu'en plus d'être intelligent il est très cultivé, il peut vous parler de politique, de nature, de cuisine, de cinéma, de théâtre… C'est un homme avec lequel on ne peut pas s'ennuyer.

Comment résumeriez-vous sa méthode ?

C'était un manager avant d'être un coach. On n'apprenait pas forcément grand-chose dans les séances, on jouait toujours en 4-3-3 avec un marquage individuel. Aujourd'hui, quand on voit Marcelo Bielsa faire à peu près la même chose on se dit qu'il est fou et Guy Roux était fou à sa manière, avec une approche totalement différente. Il avait compris l'essentiel du football, c'est-à-dire associer de bons joueurs, complémentaires, pour avoir une belle équipe et obtenir des résultats. Ça, on ne peut pas le nier. En France, il a été un précurseur. Je me souviens que lorsqu'on est montés dans sa voiture pour aller voir ma nouvelle maison et jeter du pain aux canards, il me montrait les installations du club et me disait : « Ça, c'est le transfert de Basile Boli, ça, c'est celui de

Jean-Marc Ferreri, etc. » Il a construit son club comme ça.

Vous étiez de l'équipe du doublé en 1996. Comment vous a-t-il convaincu qu'aller chercher ces titres était possible ?

Déjà, le jour de la reprise de l'entraînement je suis arrivé dans les premiers et Laurent Blanc était dans le vestiaire. Personne n'avait eu vent de ce transfert. Il avait parfaitement identifié l'élément qui nous manquait et Laurent a fait une année exceptionnelle, à tel point qu'il a signé au FC Barcelone un an plus tard. Je me souviens de ses premiers matchs, Guy Roux ne lui a rien dit, mais au bout du troisième il est allé le voir et lui a lâché : « Laurent, ici tu n'es pas à Saint-Étienne, tu peux monter une fois de temps en temps mais sinon tu récupères le ballon et tu le donnes, parce qu'ici devant toi tu as Martins, Saïb, Lamouchi, etc. » Et Laurent, intelligent comme il était, se permettait de faire des petits ponts dans sa surface de réparation pour relancer, car il savait qu'à côté de lui il avait trois monstres défensivement, trois marathoniens au milieu et des joueurs exceptionnels en attaque. La construction de l'effectif avait été faite avec beaucoup d'intelligence, comme dans le management et le discours. On a mal commencé la saison et on a accusé un retard de dix points sur le PSG, qu'on recevait au mois de mars pour un match déterminant. On les a battus, en Coupe de France et en championnat, notamment grâce à un Bernard Diomède exceptionnel, et on a fini par leur passer devant. Il y a des équipes comme ça où vous connaissez votre force. Quand on était bien physiquement, on était incroyablement compétitifs. On avait des joueurs de très grande qualité, une grande complicité et surtout une ambiance exceptionnelle. Guy Roux était fou parce qu'il croyait qu'on était sérieux mais il a su qu'on dînait ensemble deux à trois fois par semaine, dans une crêperie, chez l'un ou chez l'autre... Ceux qui sont partis après cette saison-là, comme Corentin Martins, Laurent Blanc ou Christophe Cocard, ont regretté ensuite parce qu'on est convaincus qu'on aurait fait un parcours en Ligue des champions encore meilleur que ce quart de finale contre Dortmund, avec un fait de jeu contraire au match aller. On a perdu contre une équipe qui ne nous était pas supérieure, c'est l'expérience qui a fait la différence à ce moment-là.

Le trio magique

On associe souvent l'incroyable réussite de l'AJA à mon nom. Si j'ai été le personnage le plus médiatique du club, rien n'aurait été possible sans de nombreuses autres personnes, au premier rang desquelles Jean-Claude Hamel, le président, et Gérard Bourgoin, son bras droit. Tous les trois, nous avons formé un trio à l'équilibre et à la complémentarité très rares. Jean-Claude Hamel est né dix ans avant moi. C'est un pur Auxerrois, ses parents sont arrivés après la guerre de 1914. Lorsque j'étais gamin à l'AJA, de 1952 à 1957, il faisait partie du patronage mais n'était pas dans la catégorie football, puis il est parti faire ses études. Mais lorsque je suis revenu en 1961, il s'était réinstallé à Auxerre pour s'occuper de sa concession de poids lourds avec son père et était vice-président de l'AJA, en soutien de Jean Garnault. À cette époque, les dirigeants étaient onze et leurs responsabilités étaient très grandes.

Comme j'avais dix ans de moins que lui, je l'ai vouvoyé, et il a fait de même. Toute notre carrière, et jusqu'à sa mort en 2020, nous avons gardé cette habitude. Cela n'empêche ni l'amitié ni les éclats de voix pour régler les conflits. Il avait un très fort tempérament, une forte volonté, était tenace, ne reculait pas sur ses positions et avait une excellente culture générale. Il s'intéressait à tout et collectait toutes sortes d'informations dans son bureau en découpant quotidiennement tous les articles de journaux qui l'intéressaient, sur tous les sujets. Mais ce qui le caractérisait surtout, c'était qu'il était un homme d'affaires hors normes, notamment pour la vente. Une qualité qu'il a développée dans le garage familial, dans lequel tous les enfants travaillaient à différents postes : l'aîné convoyait les camions, le deuxième était mécanicien, son petit frère s'occupait de la concession Simca dans le même garage et ses deux sœurs étaient à l'accueil et comptable. Un jour, son père, alors âgé de quatre-vingts ans, va vendre un camion à l'un de ses très anciens clients. Ils se mettent à table vers 20 heures et commencent à discuter du prix. À minuit, la dame qui était partie se coucher s'aperçoit que son mari n'est pas au lit avec elle. Les deux hommes dormaient la tête sur la table. Le lendemain matin, le camionneur réveille M. Hamel, qui lui lance : « Où en étions-nous ? » Et la vente du camion s'est bouclée avant midi. Jean-Claude Hamel, c'était ça aussi, sauf qu'à la place des camions cela pouvait être des joueurs. Il m'a énormément appris sur ce point.

Le secrétariat du club, c'était son bureau à la concession, donc au bout d'un moment je connaissais presque tous les modèles de camions Berliet. Son bureau, c'était celui de l'AJA. À l'entrée, il avait tracé un trait à la craie et celui qui le franchissait devait mettre dix francs dans la caisse de l'AJA. À la mort des parents, ils ont construit un nouveau garage dans la zone industrielle d'Auxerre située à six kilomètres du stade, contre un seul auparavant. Un détail qui a son importance, car il ne quittait pas la concession de la journée et mangeait sur son bureau. Il écartait les dossiers, sa femme lui dressait la table sur une petite nappe et lui donnait à manger. Mais comme il fallait que j'aille lui rendre des comptes, discuter des choses du club avec lui, il m'appelait et me disait de venir au garage pendant midi. Mme Hamel me mettait une assiette et nous mangions sur son bureau, à cinquante centimètres l'un de l'autre. Pendant une heure, nous débattions des problèmes du stade, de l'équipe, etc. Nous nous occupions de tout, même de l'engrais à mettre sur la pelouse, et comme la personne qui vendait cet engrais était un client du garage Hamel, nous arrivions à nous le faire fournir gratuitement. Jean-Claude Hamel a pris sa retraite à soixante-dix ans et avait trouvé une nouvelle maison à cinq cents mètres du stade, si bien qu'il passait ses journées dans son bureau à l'Abbé-Deschamps. Mais cela ne lui suffisait pas et vers 19 ou 20 heures il venait me voir et me disait : « Passez à la maison, on va revoir ensemble tel ou tel problème. » Mme Hamel était une cuisinière hors pair, leur maison était le meilleur restaurant d'Auxerre, et je travaillais avec son mari jusqu'à minuit, parfois plus. Il travaillait tous les jours de 8 heures à minuit, il occupait trois emplois à lui seul, et je m'occupais du reste. Mais lorsqu'il est venu s'installer au stade, c'est devenu plus difficile pour moi parce qu'il s'intéressait à tout. Avant je réglais un grand nombre de problèmes quotidiens sans lui en rendre compte, pour ne pas l'embêter, mais là il était toujours à cinquante mètres de moi et voulait tout savoir, donc ce n'était pas facile. Ni pour lui ni pour moi, car nous avions le même tempérament. Toutefois, c'était toujours lui qui avait le dernier mot. J'étais complètement libre… sauf si le président n'était pas d'accord. Pour le recrutement des joueurs, parfois j'établissais les premiers contacts et si ça n'allait pas aboutir je ne lui en parlais pas. Et s'il fallait que ça se fasse, on en parlait, car c'est lui qui avait la signature du chéquier et je n'ai jamais négocié les salaires des joueurs. C'était son domaine, puis à partir de 1978 Gérard Bourgoin nous a rejoints et nous a aidés à négocier. Nous étions trois bons vendeurs : tous les deux étaient des grands maîtres et moi un très bon artisan. Et la grande qualité de Gérard Bourgoin, qui était quand même un PDG qui a eu jusqu'à 5 000 ouvriers dans ses douze usines de volaille, était sa fidélité et sa loyauté extraordinaires. Il aurait bien voulu être président, d'ailleurs il l'est devenu quand M. Hamel a passé l'âge, mais il était loyal et n'a jamais voulu prendre le pouvoir, même dans les moments où nous étions en difficulté. Tout cela m'a fait travailler dans un bon climat, parce que s'il y avait eu bagarre entre les deux, on serait morts.

Avec Jean-Claude Hamel, on a fonctionné tous les deux jusqu'au bout. Mais le bout a été tragique. J'avais soixante-sept ans au début de la saison 2004-2005 et vers janvier j'ai décidé d'arrêter à l'issue de cet exercice. On avait une bonne équipe et je voulais absolument gagner la Coupe d'Europe, qui m'avait toujours échappé, mais au cœur de l'hiver on a eu un conflit, comme on en a eu souvent. Tous mes postes étaient doublés, sauf celui d'arrière-droit occupé par Johan Radet. J'avais ciblé un joueur de deuxième division pour nous renforcer mais M. Hamel ne voulait pas. Il a utilisé l'appui du comptable, qui m'a mal expliqué la situation financière, et on n'a pas pris d'arrière-droit. C'est devenu tragique, car avant notre quart de finale aller de Coupe de l'UEFA contre le CSKA Moscou, Radet s'est blessé et je n'avais ni arrière-droit ni arrière-gauche, m'obligeant à décaler un jeune défenseur central, David Recorbet, et ça s'est mal passé, car on a perdu 4-0. Cet épisode m'a agacé et j'étais fatigué, mais on est quand même allés en finale de la Coupe de France.

L'après-midi de cette finale face à Sedan, j'ai écrit au président Hamel, sur un beau papier de notre hôtel quatre étoiles, une lettre le remerciant de sa confiance pendant quarante ans et je l'ai glissée dans ma poche de survêtement. On a gagné (2-1), la liesse était générale, mais Christian Jeanpierre, qui se doutait que j'allais arrêter, car il me connaissait bien, l'a annoncé en direct sur TF1. Pour lui, c'était un scoop formidable. M. Hamel a entendu que la nouvelle se murmurait, mais il ne l'a pas crue. Je n'ai rejoint l'équipe que plus tard au restaurant, après avoir été retenu par les différentes obligations médiatiques, je lui ai donné la lettre et il m'en a voulu pendant plusieurs années. Mais pour le bilan financier que le comptable m'avait annoncé funeste et qui nous a privés d'un recrutement, c'est l'une des quatre années de l'histoire de l'AJA durant lesquelles on a payé des participations aux salariés, car on avait fait des bénéfices sensibles. Évidemment à Noël nous n'avions pas encore les bénéfices liés aux parcours en Coupe d'Europe et Coupe de France, mais je sentais que nous ferions quelque chose. Ensuite, on a eu quelques années de froid. Cela restait cordial mais il n'y avait plus la chaleur qu'il y avait eue durant les quarante années précédentes. Plus tard, avec du recul, j'ai estimé que j'aurais encore pu donner deux ans au plus haut niveau. Je me suis peut-être un peu précipité et s'il n'y avait pas eu cette histoire au sujet de l'arrière-droit, j'aurais eu deux cartouches supplémentaires dans le fusil.

Après le doublé de 1996, Gérard Bourgoin, notre vendeur numéro un, était un peu grisé et transférait les joueurs plus vite que son ombre. L'équipe était complètement dépossée, c'était trop rapide. Lors de la saison 1998-1999, nous étions sur le podium en février après une victoire 5-0 contre Lorient et tout le monde se demandait si nous nous qualifierions pour la Ligue des champions ou la Coupe de l'UEFA. Mais les matchs suivants, nous avons enchaîné les courtes défaites et les matchs nuls, avec une cadence d'un point sur six. Nous avons donc dégringolé au classement, à tel point que lors de la dernière journée il fallait battre

Rennes pour se maintenir, ce que nous avons finalement fait (2-0). Les deux derniers mois, j'étais condamné par tout le monde, y compris Gérard Bourgoin. Des politiques ont même demandé à Jean-Pierre Soisson de me faire évincer. Condamné par tous sauf par un homme : Jean-Claude Hamel. Il ne m'a pas lâché. La première fois qu'il m'a apporté son soutien, je lui ai répondu : « Tous les présidents disent ça. » Il ne m'a pas dit « vous verrez » mais il a tenu bon, il n'a cédé à personne, il était d'une solidité morale extraordinaire. Il ne m'a pas pour autant fait de grands câlins, mais il a maintenu une attitude normale. Dans la répartition des responsabilités, il avait toujours été convenu qu'il ne parle pas directement aux joueurs pour les motiver, ce qui m'aurait un peu décrédibilisé. Mais pendant cette longue série de mauvais résultats, ne tenant plus, un jour il me dit : « Je vais leur parler. » Je refuse, j'arrive à gagner un peu de temps mais un matin il arrive et me lance : « J'y vais ! » J'ai pris une craie, j'ai tracé un trait devant les vestiaires et j'ai répondu : « Si vous le franchissez, je prends la porte et je ne reviendrai pas. » Il s'est arrêté, m'a dit qu'il était le président, etc. Ça a chauffé dur mais il a fait demi-tour. Le soir je suis allé dans son bureau et lui ai expliqué : « Écoutez, président, j'ai réfléchi. On est au milieu de la semaine, laissez-moi travailler, mais le jour du match vous allez venir à la fin de mon discours après la collation et vous allez dire aux joueurs que vous avez confiance en eux. Si vous trouvez ça bien évidemment… Et vous allez voir, ça fera son effet. » Il est donc venu avant le match, a attendu que j'aie fini mon discours, a regardé les joueurs et leur a dit : « J'ai confiance en vous. » C'est la seule fois où il est intervenu directement auprès d'eux. Jean-Claude Hamel ne se mêlait pas des bêtises des joueurs ou de leurs sorties, tandis que Gérard Bourgoin serait plutôt allé avec eux en boîte de nuit.

Parmi nos conflits, l'un avait pour origine l'intérêt de la Fédération française de football à mon égard. J'avais déjà refusé le poste de sélectionneur une première fois, mais là, en 1998, dans ma tête c'était le moment, surtout que la France venait d'être sacrée championne du monde. Après un titre de champion et deux Coupes de France, plus la très bonne santé de toutes les autres équipes du club, je pensais que M. Hamel ne s'opposerait pas à mon départ. On ne pouvait plus faire mieux, c'était une réussite totale, donc je voulais m'en aller la tête haute. Mais Jean Garnault, le président de l'AJA qui m'avait embauché, était devenu le trésorier de la FFF et était monté à Paris voir Claude Simonet, le président de la Fédération, pour lui dire qu'il ne pouvait pas m'embaucher parce que j'étais déjà sous contrat avec Auxerre. Bien sûr, il avait fait ça sur ordre de Jean-Claude Hamel. Je n'étais évidemment pas content du tout. Je me souviens que nous étions en déplacement sur le terrain de l'Espanyol Barcelone, en Coupe Intertoto, et j'ai passé toute l'après-midi à essayer de me calmer et de me maîtriser pour que cela ne se voie pas. Et c'est là que j'ai réalisé ma plus mauvaise saison et qu'on a failli descendre. Je n'avais plus l'enthousiasme ni la joie, mais c'est revenu après mon année sabbatique en 2000-2001. Là, ça avait vraiment chauffé avec M. Hamel, mais il n'y a eu aucune scène. Il m'a dit : « J'ai toujours respecté vos contrats, respectez-le vôtre aujourd'hui. » Je n'ai pas répondu, je suis parti très fâché mais je n'ai entamé aucunes représailles. J'ai simplement respecté la loi, puisque j'avais passé ma vie à dire la même chose à mes joueurs au sujet de leur contrat.

En parlant de contrat, c'était une aventure avec M. Hamel. Ça l'a d'ailleurs été dès le début. Sur ma lettre de motivation pour me faire embaucher, j'avais demandé 700 francs et il avait rayé la somme au crayon et mis 500 francs. Finalement, j'ai eu 600. Au bout de neuf ans, j'étais seulement arrivé à 850 francs, alors qu'il y avait de l'inflation, et parfois il m'est arrivé de laisser un peu de ma paye pour obtenir un nouvel avant-centre. Au cours d'une discussion autour de mon salaire, j'ai appris ce qu'était une négociation, pourtant je l'avais déjà vu faire avec ses camions. Je voulais discuter avec lui de mon augmentation et il me dit de le rejoindre le soir après sa partie de tennis. Il joue alors jusqu'à la nuit noire alors que je l'attends, puis il prend sa douche et paye un verre à son adversaire et fait de même avec moi. On commence donc la négociation à 11 heures du soir et trois heures plus tard on avait progressé de 100 francs. Finalement, j'ai obtenu entre 850 et 900 francs. Mon salaire a augmenté au fil de nos montées et en deuxième division j'avais 7 500 francs par mois. J'avais mon cabinet d'assurances à côté, pour lequel M. Hamel m'avait aidé en faisant parfois assurer un camion. Toutes les négociations étaient très dures. Une année où nous étions en

Coupe d'Europe, je voulais vraiment franchir un cap salarial. Avant les vacances il avait refusé de négocier, puis à la reprise de l'entraînement il était à son tour en congé, donc j'ai commencé la saison sans contrat. Après deux semaines à Auxerre, nous allions partir en stage en Suisse et l'avant-veille du départ je vais le voir pour lui dire qu'il me fallait un contrat. Il joue le surpris mais je lui explique qu'il y a un problème de responsabilité et que si un accident arrive, la justice va se demander ce que je fais avec ces joueurs que j'emmène en montagne. Le lendemain matin, il n'avait toujours pas fait mon contrat donc l'après-midi je vais le voir et lui annonce : « Demain matin je ne monte pas dans le bus, je ne pars pas. » Il crie évidemment au chantage, mais je lui réexplique que sans contrat j'aurai le statut de touriste. J'ai donc appelé Gérard Bourgoin, qui a senti que j'allais partir, et on s'est mis d'accord. La devise de Jean-Claude Hamel était : « Je ne paye pas ce que je n'ai pas. » Mais là, on avait, parce qu'on avait joué la Coupe d'Europe et les droits télé étaient tombés.

Il a obtenu la Légion d'honneur, ce qui est la moindre des choses, mais son grand mérite est qu'il a signé, au moins pendant que j'étais là, quarante-deux comptes d'exploitation équilibrés ou bénéficiaires, en comptant les investissements au stade ou au centre de formation. Quel chef d'entreprise peut en dire autant ? Surtout dans le monde du football. Nous étions dans un développement lent, passant d'un budget de 70 000 francs à plusieurs millions d'euros. C'est une véritable prouesse. Il m'avait « drogué » à l'économie.

Si les *Guignols de l'info* m'ont érigé en représentant de la bonne gestion et de la pingrerie en France, et j'avoue que cela reposait sur quelque chose, c'est lui qui aurait dû être le titulaire de ce poste. Je n'étais que son porte-drapeau... Au stade, tout le monde était bénévole. Il était le chef d'une troupe digne des scouts dédiée à l'AJA, qui pouvait compter jusqu'à 700 personnes un soir de Coupe d'Europe. Le club gérait toutes les buvettes et une énorme friterie, qui était dirigée par un homme qui travaillait aussi en centre de formation, qui produisait 2 000 ou 3 000 cornets de frites par match. Les casse-croûtes constituaient une recette très importante pour le club donc le matin, les infirmiers de l'hôpital psychiatrique et leurs femmes formaient quasiment une chaîne industrielle. Ils plaçaient des plateaux sur des tréteaux, se plaçaient autour, le boulanger apportait le pain et c'était parti : le premier coupait, le deuxième étalait le beurre, le troisième mettait les cornichons, le quatrième le jambon et fermait, le cinquième plaçait dans les sacs et au bout des gens comptaient les sandwichs et les emportaient dans chaque buvette. Parfois il en restait, donc on les portait à la maison de retraite et le lendemain du match les personnes âgées mangeaient les sandwichs du stade un peu mollassons pour que rien ne soit perdu. Ça aurait été un crime de les jeter, alors qu'aujourd'hui ils les mettraient à la benne. Mais attention, Jean-Claude Hamel avait auparavant discuté le prix du pain, qui est pourtant quelque chose d'officiel, celui du beurre et du jambon. Il tirait le maximum de tout. Les recettes induites étaient phénoménales. Il répétait sans cesse : « Je ne monterai jamais les marches ! »

Ces marches étaient celles du palais de justice d'Auxerre, synonyme de mise en faillite.

Jean-Claude Hamel avait une liste de clients qui devaient avoir leurs billets pour les grands matchs, même s'il ne leur en faisait pas cadeau pour autant. Dans les tribunes de l'Abbé-Deschamps, il y avait donc déjà les acheteurs de camions et les membres de leurs entreprises, ce qui équivalait à 200 ou 300 places. À tel point que lors de la finale de la Coupe de France 1979, nous avions la possibilité de commander quelques places. J'avais placé mon père dans la tribune officielle et ma femme et mon fils n'étaient pas loin, bien situés. Mais lorsque l'on est arrivés sur la pelouse je les ai cherchés, en vain, et j'étais un peu inquiet. En fait, un gros acheteur de camions n'avait pas de billets et les places de ma femme et mon fils avaient été échangées contre deux billets situés dans un virage, au milieu des supporters les plus fervents.

La famille de Jean-Claude Hamel a également influencé ma carrière. Sa femme était extrêmement sympathique et elle m'a de temps en temps défendu dans mes conflits avec son mari. Il avait également deux enfants mais a malheureusement perdu prématurément son fils, qui était dans l'âge adulte, et ce drame a joué un rôle dans l'un de mes choix importants. Avant la saison 1990-1991, Bernard Brochant, un haut dirigeant du Paris Saint-Germain, m'avait invité à déjeuner et proposé d'entraîner son équipe. J'avais répondu que je réfléchirais une semaine. Et pendant cette semaine, le fils de Gérard Bourgoin, le vice-président, a été victime d'un accident d'avion, et Jean-Claude Hamel a appris que son fils avait une maladie grave. Nous étions très proches tous les trois et j'ai donc jugé qu'il était préférable de rester à Auxerre, ce que je n'ai jamais regretté. Et puis je ne suis pas naïf, je n'aurais pas duré vingt ans au PSG.

Depuis son décès en juin 2020, mon image de Jean-Claude Hamel c'est qu'il est là-haut, assis à côté de l'abbé Deschamps. Lorsqu'on jouait en diurne et que nous étions menés, je regardais vers le ciel et s'il y avait un petit nuage qui passait, je demandais à l'abbé Deschamps de glisser un œil derrière ce nuage et de nous aider. Et c'est arrivé qu'on égalise. Maintenant, il y aura le siège de M. Hamel à côté. Car peut-être qu'il a fait quelques bêtises et qu'il était un jeune un peu turbulent, mais il a fait tellement de choses pour l'AJA et la société auxerroise dans son ensemble.

Le troisième membre du trio est Gérard Bourgoin, qui nous a rejoints un peu plus tard. En 1978, c'était un jeune industriel débutant, très ami de Jean-Claude Hamel, auquel il achetait des camions. Comme la montée en première division se rapprochait, M. Hamel a senti qu'il fallait qu'il se fasse épauler un peu à la direction du club. À partir de là, Gérard a réalisé ses premiers exploits. Dès 1979, avant la finale de la Coupe de France, il a par exemple promené des dindes dans des landaus de bébés sur les Champs-Élysées pour vanter les mérites de sa marque Chaillotine. Cela prouve à quel point c'est un personnage original, unique, avec une puissance phénoménale, car il possède une confiance en lui qui lui fait traverser des murs de béton. Il était au lycée avec moi, mais pendant seulement trois mois, car il s'est fait renvoyer. Il considérait d'ailleurs ça comme un titre de gloire et lorsqu'il embauchait un cadre pour son entreprise, une case « avez-vous été renvoyé d'une école ? » était inscrite sur le formulaire de recrutement. Si quelqu'un disait « non », il répondait que c'était la preuve d'un manque de personnalité.

Son parcours scolaire s'étant arrêté prématurément, il a travaillé aux côtés de son père, un ancien résistant qui tenait une boucherie dans le petit village de Chailley. Et Gérard a très rapidement inventé un produit : des pattes de lapin placées sous vide, dans des bocaux en verre, qu'il allait ensuite vendre à vélo dans les épiceries. Il a ensuite obtenu son CAP de boucher, sans perdre de doigt, prouvant son habileté manuelle, puis a créé une entreprise d'abattage de volailles qu'il a construite de ses mains. Alors que son entreprise était en plein développement, ses locaux ont brûlé. Gérard est rentré précipitamment de voyage, rejoignant ses ouvriers au pied des briques encore fumantes et leur a dit : « Tout le monde au boulot, à partir de maintenant on est maçons. » Aucun ouvrier n'a perdu un seul franc de salaire et l'usine a été reconstruite. Son entreprise, démarrée à deux, a compté jusqu'à 5 200 salariés. À l'approche des fêtes de fin d'année, dans sa première usine, deux dortoirs étaient installés (un pour les hommes et un pour les femmes) et tout le monde travaillait environ vingt heures par jour. Il était parfois épuisé et, lorsqu'il nous emmenait en déplacement avec son avion, prenait quelquefois ma chambre d'hôtel pendant le match pour dormir un peu, avant de nous ramener à Auxerre et d'immédiatement retourner à son usine pour se mettre dans la chaîne de production. Évidemment, le droit du travail n'autorisait pas 20 heures de travail par jour mais les ouvriers ne se plaignaient pas. Le soir du 24 décembre, vers 21 heures, ils repartaient tous avec un colis contenant une dinde à la grosseur proportionnelle à la taille de leur famille, une bouteille de chablis, une d'irancy et une de champagne, plus leur paye avec les heures supplémentaires et une prime. Donc évidemment, personne n'était absent ce jour-là. Cela n'a pas empêché un inspecteur du travail de venir. Gérard, qui était alors dans la chaîne, a tout stoppé et lui a dit : « Dépêchez-vous, dites-moi ce que vous voulez parce que dans trois minutes je remets la chaîne en route. » L'inspecteur lui a dressé un procès-verbal mais il est reparti en passant entre les pointes de couteau des employés, ne l'incitant pas à revenir. Tout ce qui pouvait nuire à sa marque, il le méprisait. Lors de l'inauguration d'un grand hall dans son entreprise, il avait invité un ministre, le préfet et des députés. Au moment de son discours sur l'estrade, il s'est fait apporter un dossier et a lancé : « Monsieur le ministre, pendant que vous êtes là, je vous donne la demande de permis de construire. » Gérard a ensuite racheté une grande usine espagnole de volailles et cela a malheureusement mené à la faillite, mais il s'est battu comme un fou pour éviter les licenciements.

En voiture comme pour le reste, il est très rapide, voire trop. Lorsqu'on lui a interdit de conduire, il s'est donc acheté un avion et a appris à le piloter en obtenant le brevet de pilote professionnel. Il est également devenu maire de Chailley, sans trop de difficultés, car quasiment tous les habitants travaillaient dans son usine, et a beaucoup aidé ses ouvriers pour l'achat et la construction de leurs maisons. Dans ce village coulait un petit ruisseau et il a demandé à l'administration locale l'autorisation de creuser pour que l'eau s'arrête à un endroit afin d'y aménager une plage. La réponse de l'administration a été un peu lente et lorsque les experts sont venus sur place voir si le projet était faisable, il y avait déjà cinquante personnes en maillot de bain en train de se baigner et de bronzer sur du sable. Il a aussi construit un aérodrome à côté de son usine, où l'on peut atterrir avec des jets. C'est là où j'ai connu mon seul incident grave en avion. Nous revenions de Bordeaux, où nous avions déjeuné avec Jean-Marc Ferreri pour le convaincre de revenir à l'AJA, et au-dessus de Bourges tout s'est éteint sur le tableau de bord : panne hydraulique ! Je demande quelles sont les conséquences, il me répond : « C'est ce qui fait sortir les roues au moment de se poser, mais il y a un dispositif manuel de secours. » On bidouille un peu et on trouve le livre contenant toutes les instructions en cas d'urgence. Nous avions seulement dix minutes pour régler le problème et il me dit : « Tu prends la poignée dans la main et quand je te dis top, tu tires ! Pas avant, car sinon on ira trop vite et les roues vont se plier. » Problème, nous ne savions pas si les roues allaient bien sortir ou pas. Il a donc prévenu la dame qui s'occupait de l'aérodrome qui, lorsque j'ai tiré de toutes mes forces pour activer le dispositif, nous a répondu : « Je ne vois rien, vous êtes dans les nuages. » Gérard a donc décidé qu'on allait se poser quand même, mais m'a dit : « Tu serres ta ceinture à fond, tu places tes genoux sur ta poitrine, tu croises les bras et surtout tu ne mets pas tes mains devant toi quand on va être freinés sinon tu vas les casser. » J'étais à ce moment-là un ouvrier très attentif et je n'ai pas eu peur lorsqu'on s'est posés. Mais en descendant, j'ai trouvé que les cinq petites marches pour quitter l'avion étaient bien longues et j'avais des jambes de coton. J'aurais été incapable de marquer un but à trois mètres de la cage. C'est l'une des deux fois de ma carrière où je suis arrivé en retard à l'entraînement. L'autre, c'est lorsqu'avec M. Hamel nous sommes tombés sur un accident de voiture où un jeune homme était coincé sous son véhicule.

À l'AJA, il ne voulait pas de titre mais nous lui avons donné celui de vice-président et je pense que c'est le plus grand qu'il y a eu en France. Il était d'une loyauté et d'une fidélité totales à M. Hamel. C'est si rare que bien souvent les présidents ne s'entourent pas de quelqu'un d'aussi bon pour qu'il ne leur pique pas leur place un jour. Gérard en avait bien sûr envie, mais il n'a jamais fait la moindre tentative en ce sens. Diriger à trois c'est d'ailleurs très bien, car une majorité se dégage lorsqu'il y a une décision à prendre. Nous avions chacun notre spécialité. Je choisissais le joueur et je vantais ses qualités, Gérard Bourgoin m'aidait si je l'avais persuadé et Jean-Claude Hamel faisait le dernier arbitrage, car c'était lui qui signait les chèques. Une année, M. Hamel était en vacances en Espagne pour jouer au golf et nous avons eu l'occasion d'enrôler Laurent Blanc en une journée, ce que nous avons réussi grâce à l'avion de Gérard Bourgoin. L'agent m'a averti le matin, on est allés en Avignon, où Saint-Étienne effectuait son stage d'avant-saison, j'ai parlé à Laurent Blanc de 13 h 30 à 14 heures sans évoquer le volet financier, et à 16 heures il montait dans l'avion pour venir avec nous, presque sans avoir averti Élie Baup, qui était son entraîneur. Sans Gérard Bourgoin et son avion, plein de choses nous auraient été impossibles, notamment la supervision des matchs de nos adversaires en Coupe d'Europe. Je me rappelle une fois où nous allions jouer contre l'Ajax Amsterdam trois jours plus tard. J'ai dirigé l'entraînement à 9 h 30, à 11 heures nous avons décollé pour les Pays-Bas, où nous avons atterri une heure plus tard. Une voiture m'attendait et m'a conduit jusqu'au stade pour que j'assiste au match et à 18 heures j'étais rentré chez moi devant ma télé.

Mais notre plus grand coup avec Gérard a été fait quelques années avant Laurent Blanc. Je voulais Andrzej Szarmach, car j'étais tombé footballistiquement amoureux de lui à la Coupe du monde 1974, durant laquelle j'avais suivi tous les matchs de la Pologne et dont il avait terminé deuxième meilleur buteur. C'était alors le meilleur avant-centre du monde. Quatre ans plus tard, lors du Mondial en Argentine, le camp de base de l'équipe polonaise était situé dans un hôtel dans les montagnes près de Mendoza, au bout d'une route isolée gardé par les troupes du général Videla. Je me suis renseigné auprès de la Fifa, mais tout le monde me disait que je ne pourrais pas passer. J'ai réfléchi et je me suis dit que des Polonais dans un hôtel, ça devait boire des bières. J'ai donc interrogé des fournisseurs de Mendoza et trouvé l'entreprise qui les ravitaillait. Je leur ai demandé si je pouvais venir livrer avec eux, en leur assurant que je les aiderais à décharger les caisses. Nous étions deux, j'étais à côté du chauffeur, vêtu d'une veste et d'une casquette d'ouvrier. Nous sommes arrivés au poste de police et immédiatement nous leur avons donné des caisses de bières et sommes passés. Arrivé à l'hôtel, j'ai demandé à parler à Szarmach. Nous avons échangé un peu avec l'aide d'un dirigeant qui parlait allemand et je lui ai expliqué que nous étions une équipe de deuxième division en pleine ascension et que lorsqu'il aurait trente ans, en 1980, je serais très content de l'avoir dans mon équipe. J'étais alors un petit entraîneur de deuxième division, âgé de quarante ans. Ensuite j'ai continué à aller le voir jouer en Pologne, dans son club de Mielec, grâce au budget du club qui était alloué à ces déplacements pour aller voir des matchs partout. Sur le parking, il y avait les voitures des recruteurs du Bayern Munich, de l'AC Milan, des grands clubs espagnols, donc je n'avais aucune chance de parvenir à mes fins. Sauf qu'à ses trente ans, Szarmach a été interdit de quitter le pays, car il avait eu une altercation avec un fonctionnaire du ministère des Sports.

C'est là que Jean-Pierre Soisson, alors ministre français des Sports, m'a aidé. Son homologue polonais était un de ses amis, originaire de la région de Mielec, et grâce à l'aide de la France il avait été élu représentant au Comité International Olympique. En contrepartie, il nous a aidés à recruter Szarmach, qui a pris l'avion le jour de ses trente ans et deux jours après son arrivée a marqué un but lors de notre victoire contre Lyon. Mais il a quand même fallu aller négocier à Varsovie et payer une compensation en nature, c'est-à-dire avec des dollars, des chronomètres et des instruments de mesure pour l'athlétisme, qui nous avaient été réclamés. On est partis à Mielec sans avoir de visas, car cela s'est décidé très vite, et l'atterrissage s'est fait sur l'aérodrome local où étaient construits les avions soviétiques Mig. Juste avant d'arriver, Gérard Bourgoin, qui avait également oublié son passeport, a déclaré l'avion en état de détresse et nous avons obtenu l'accord pour nous poser. Il leur a aussi fait savoir que notre avion était rempli de dindes, pour amadouer les autorités, et ils sont venus nous chercher en bout de piste et nous ont mis dans une voiture pour aller voir le match. Nous sommes restés au banquet d'après-match et à deux heures du matin, les autorités nous ont ouvert l'aérodrome pour qu'on puisse décoller. J'avais peur que l'on prenne une rafale, mais on est finalement revenus au petit matin à Auxerre avec la signature de Szarmach dans nos bagages. Toutes ces choses-là, et bien d'autres, n'auraient pas pu se faire sans un homme de son niveau intellectuel, de son pouvoir de décision. Je savais tout ça et parfois il m'est arrivé de mettre un petit coup de frein pour éviter le pire.

Gérard a été maire de Chailley, conseiller général de l'Yonne et a même eu l'idée de se présenter à la présidence de la République. Là, avec M. Hamel, on a tiré le frein à main et finalement il n'y est pas allé. Il nous disait que ce ne serait pas dur, qu'il négocierait comme quand il achetait ses dindes, etc. Il connaissait tellement de monde, et du grand ! Par exemple Fidel Castro, puisqu'il avait des affaires, notamment pétrolières, à Cuba, dont il me vantait régulièrement la beauté. Lors de mes vacances, je suis donc allé sur l'île de Cayo Largo, un morceau de paradis qui s'est détaché et posé derrière Cuba. Au retour, je fais escale dans un hôtel de Varadero et à cinq heures du matin la police frappe à ma porte. Je ne parle pas espagnol mais je comprends vite que le « guide suprême » veut me voir. Je monte dans une Mercedes de 1950 avec deux officiers de police, direction La Havane et la maison réservée aux hôtes étrangers de Fidel Castro, qui était présent avec son frère Raúl et quelques ministres, dont celui des Sports, et une interprète. Il y avait aussi un gars avec le nez plongé dans un grand frigo, en train de découper de la viande pour ensuite la faire griller : Gérard Bourgoin ! On s'est mis à table, il y avait des grillades, du chablis et de l'irancy. Castro m'a alors fait une proposition inattendue. Il m'a d'abord vanté les qualités de la jeunesse cubaine, des très bons résultats du pays en athlétisme, mais m'a aussi confié son énervement à voir ces mêmes jeunes pratiquer le baseball, sport américain par excellence. Puis il m'a dit : « Tu viens deux ans et si tu arrives à me faire jouer les jeunes Cubains au football, je te donne une île. » Entre-temps, il m'avait aussi expliqué que lors des grandes marches qu'il a effectuées pendant la révolution avec ses soldats, chaque soir ils s'arrêtaient dans une clairière et jouaient un peu au football. J'ai refusé cette proposition mais cette journée était inoubliable. J'ai aussi pu mesurer à quel point en Occident on pouvait raconter des bêtises sur ce qui se passait dans les pays communistes, et notamment à Cuba. Je ne suis pas communiste, mais dans les journaux français on racontait que Castro vivait quasiment dans un bunker et que s'il sortait il serait assassiné. Or, il y avait seulement deux gardes devant chez lui et lorsque nous avons été en convoi avec lui pour aller voir le nouveau Falcon de Gérard Bourgoin, il était en treillis dans sa Mercedes, avec quand même un fusil entre les jambes, et on s'arrêtait à chaque feu rouge. Sa vitre était baissée et les enfants venaient lui taper dans la main. C'était très loin de ce que j'avais lu.

Gérard Bourgoin avait une vraie envergure internationale. En 2007, le Congo-Brazzaville devait accueillir la Coupe d'Afrique des Nations des moins de 20 ans et voulait prendre des conseils extérieurs, comme Michel Hidalgo. Avec Gérard, nous avons été reçus à la table du chef de l'État et il m'a demandé comment faire pour organiser une compétition de cette envergure. Les stades étaient en sable et je lui ai donc conseillé de mettre une pelouse synthétique qui a été terminée quelques heures avant le début de la compétition. En un été, ils ont construit sous les tribunes du stade, qui avait été fabriqué par les Chinois, un centre de formation que j'ai dessiné sur du papier au moment du dessert à la table du président. À la base de tout cela, il y a Gérard Bourgoin et ses relations.

Avec le groupe professionnel, Gérard était exemplaire. Lors des matchs, il prenait le manteau d'un joueur sur le terrain et s'asseyait toujours à ma droite. Il ne disait jamais un mot, dans les moments les plus joyeux comme les plus révoltants, et ne prenait jamais position par rapport à l'équipe. C'est pour cela que je le tolérais. Il ne faisait jamais de fautes de ce genre alors qu'il était très proche des joueurs, parfois même trop et j'aurais pu craindre que ce soit lui qui les emmène faire la fête. Mais il ne buvait jamais une goutte, car, en tant que pilote, il était toujours susceptible de décoller. Il aimait simplement la compagnie de l'équipe. Avec lui et Jean-Claude Hamel à mes côtés, j'avais les meilleurs des coéquipiers.

L'art du recrutement

À Auxerre, nous n'avons jamais eu de pétrole. Des idées en revanche, nous en avions beaucoup. Quelques-unes mauvaises, mais surtout des bonnes, notamment en matière de recrutement. Au cours des années, pour compenser la faiblesse de notre budget par rapport à nos concurrents, nous nous sommes fait une spécialité de la relance de grands joueurs en difficulté et de la découverte de jeunes talents, dans des championnats étrangers ou amateurs. Ce qui a donné lieu à des transferts originaux ou rocambolesques, conclus grâce à ma force de persuasion conjuguée au sens très pointu des affaires de Jean-Claude Hamel et au dévouement total de Gérard Bourgoin, comme ceux d'Andrzej Szarmach et de Laurent Blanc que j'ai expliqués précédemment. Voici d'autres transferts marquants.

En 1989, Enzo Scifo jouait à Bordeaux mais était puni par Claude Bez, son président, alors que c'était pourtant un garçon adorable. Il s'entraînait à l'écart des autres joueurs, sur un terrain annexe et sans ballon. C'était une situation assez incroyable et plutôt limite sur le plan du droit du travail mais qui était racontée dans *L'Équipe*. Enzo Scifo, désirant changer d'air, souligne un jour dans les colonnes de ce journal que tous les clubs ont déjà atteint leur quota de joueurs étrangers dans leur effectif, sauf Auxerre. Et il rajoute : « À Auxerre, il y a un super entraîneur. » Comme c'était la première fois qu'un joueur disait que j'étais un super entraîneur, j'appelle Jean-Marc Ferreri, qui jouait à Bordeaux, pour qu'il me donne le contact de Scifo, que j'appelle dans la foulée. Je lui dis rapidement qu'on ne pourra payer ni son transfert ni son salaire, mais il me répond : « Pour le salaire vous me donnerez ce que vous voulez, je veux juste quitter Bordeaux. » J'appelle ensuite Raymond Goethals, le célèbre entraîneur belge passé par Bordeaux et Marseille, qui me dit à propos de son compatriote : « C'est un super gars, mais il faut que tu tournes le terrain dans l'autre sens, car il ne joue que latéralement. Si tu insistes, tu vas en faire un grand joueur, c'est un exemple. » J'en étais déjà convaincu, car je l'avais découvert lors de l'Euro 1984 et j'avais même réalisé un sujet pour TF1 qui s'intitulait « Un jeune prodige belge nommé Enzo Scifo ». C'était une vraie star en Belgique et il le savait. Sa Mercedes était par exemple immatriculée « Enzo Scifo ». Mais il était très poli, d'une grande gentillesse.

Problème, Claude Bez ne voulait rien savoir et voulait punir Scifo en faisant de lui un exemple. Je vais donc prévenir Jean-Claude Hamel, qui me dit : « Bez est mon ami, on a voyagé ensemble au Sénégal, on jouait à la belote jusqu'à 2 heures du matin, je vais l'appeler. » Au début Claude Bez refuse, mais Jean-Claude Hamel, grâce à son talent, arrive à le convaincre après des négociations de vingt-quatre heures. L'affaire s'est conclue difficilement dans une chambre d'hôtel de l'aéroport d'Orly, en présence des dirigeants de Bordeaux et de l'Inter Milan, l'ancien club de Scifo. Une semaine après son arrivée, il était qualifié pour jouer en Coupe d'Europe lors d'un déplacement en Croatie face au Dinamo Zagreb, que nous affrontions en match de repêchage pour intégrer la Coupe de l'UEFA. On avait perdu le match aller à domicile (1-0) sur un coup franc de Davor Šuker et j'avais une rage en moi, car nous avions déjà perdu trois fois au premier tour d'une Coupe d'Europe, contre le Sporting Lisbonne, l'AC Milan et le Panathinaïkos, et un journaliste de *L'Équipe* m'avait dit que j'étais un « *loser* ». Au match retour, Scifo a été formidable et nous avons gagné 3-1. Il a tout de suite été brillant et cela a duré deux saisons. C'était un vrai exemple, il arrivait toujours avant les autres et repartait après. Je ne fermais jamais le stade pour les entraînements et quand il était à l'AJA, l'été le parking était plein de Belges qui scandaient « Enzo ! Enzo ! » et lorsqu'il marquait il y avait des clameurs. Nous avions un accord avec l'Inter Milan : au bout d'un an nous décidions si nous le gardions ou pas, mais au bout de la deuxième année ce sont eux qui décidaient. Au bout de deux ans, ils l'ont donc repris mais l'ont immédiatement transféré au Torino, qu'il a emmené en finale de la Coupe de l'UEFA.

Les conditions dans lesquelles nous avons récupéré Alain Roche, en 1990, sont également originales. Après un match face à l'OM, Bernard Tapie vient me voir et me demande, au sujet de Basile Boli, quand est-ce que je lui vends mon défenseur « aux pieds carrés ». Je le préviens qu'il faudra attendre la saison suivante mais que le tarif sera plus élevé. Cela n'a pas découragé Tapie qui est revenu à la charge quelques mois plus tard. Nous sommes donc descendus négocier le transfert au Novotel de Vitrolles avec Basile Boli et Gérard Bourgoin. Pendant que Gérard et Tapie abordaient le volet financier, je vais au bar de l'hôtel et je croise Alain Roche, une cheville dans le plâtre. Je lui demande ce qu'il fait là et il me répond : « Vous n'êtes pas au courant ? Bernard Tapie m'a dit que j'irai peut-être à l'AJA. » Alain Roche était un jeune joueur que j'estimais beaucoup, qui avait déjà été champion de France avec Bordeaux, et nous l'avons ainsi recruté très facilement, en empochant en plus un joli chèque pour le transfert de Boli.

Un autre très beau coup que nous avons réussi à l'AJA, c'est la signature du Néerlandais Frank Verlaat, dont on m'avait vanté les mérites et qui jouait à Lausanne. Lors de l'Euro 1992 en Suède, que je couvrais pour TF1, j'avais accès aux salles de presse et j'en ai donc profité pour aller me renseigner auprès des journalistes suisses. Je leur explique que j'ai besoin de renseignements sur un joueur et que je leur paye une bière s'ils me donnent chacun les qualités et les défauts de Verlaat. Le résumé, presque unanime, était : un peu lent, très habile technicien, très fort physiquement, très bon de la tête, bonne qualité de passes. Cela me suffisait amplement ! J'appelle donc immédiatement Verlaat, qui était rentré à Amsterdam, pour lui dire de me rejoindre à Malmö. Nous avons discuté une partie de la nuit, mais pas sur l'aspect financier qui a ensuite été géré par Gérard Bourgoin, qui a finalisé le transfert quelques jours plus tard. Lors de son premier entraînement, au cours d'une opposition à huit contre huit, Verlaat a été mauvais donc j'étais un peu inquiet, mais on a très rapidement compris qu'on avait recruté un élément de grande valeur. En dehors des très bons résultats que l'on a eus lorsqu'il était là, son arrivée a eu une autre conséquence, celle-ci inattendue. Comme il avait joué à Lausanne, je lui ai demandé s'il connaissait un endroit en Suisse disposant d'un terrain de foot de qualité et situé en altitude pour aller y effectuer des stages. « Oui, il faut aller à Anzère, à côté de Sion. L'hôtel est très bien et les repas sont bons », me répond-il. Je me suis quand même assuré qu'il n'y avait pas de boîte de nuit dans les alentours et j'y suis allé le premier hiver en repérage. Il y avait un mètre de neige sur le terrain mais ils en ont dégagé une partie pour me montrer la qualité du gazon. Nous y sommes allés effectuer notre stage d'avant-saison pendant quatorze ans et nous avons pu rencontrer de très belles équipes européennes. Je me rappelle notamment que nous avions affronté le Servette Genève lors du premier match en Europe du Brésilien Sonny Anderson.

Avant, nous allions dans un hôtel des Alpes, situé près d'Annecy, mais nous avons fini par l'abandonner au profit de celui d'Anzère, car quand j'ai commencé à y emmener mon équipe il y avait deux petites filles qui vivaient là. Mais dix ans après, elles étaient devenues grandes et intéressaient nos joueurs, notamment l'aînée, qui ressemblait à Brigitte Bardot. Un jour je l'ai donc prévenue : « Si tu as une amourette avec l'un de mes joueurs, ça ne me dérange pas, mais par contre il ne faut pas qu'il soit en retard d'une minute à l'entraînement ni que tu l'emmènes en boîte, sinon je ne reviendrai plus jamais dans l'hôtel de tes parents. » Problème, une nuit j'entends du bruit dehors et à travers les volets j'aperçois deux taxis avec la majorité de mon équipe qui en descend avec cette demoiselle. Le lendemain matin au petit déjeuner, tout le monde est à l'heure, mais une fois à l'entraînement je leur fais faire uniquement des longueurs en courant, alors que le travail physique n'était pas prévu ce jour-là. On rentre déjeuner et j'annonce : « Bon, il n'y aura pas de sieste, car comme il fait beau, j'ai deux guides qui vont nous faire monter tout en haut de la montagne. » Aucun joueur n'a moufté et on a effectué presque trois heures de montée jusqu'à un refuge, avant de redescendre, toujours à pied.

Depuis l'hôtel que Verlaat m'a fait découvrir, j'ai également conclu d'autres transferts, notamment celui de Stéphane Grichting, en 2002. Nous étions en stage et je lis dans *Le Nouvelliste*, un quotidien suisse, que le club de Sion dépose le bilan et libère tous ses joueurs. Je rumine un peu toute la journée, que je passe avec mes joueurs, puis le soir je descends au bar de l'hôtel, qui faisait également office de bistrot du coin, et je demande aux gens présents s'ils connaissent un bon jeune joueur qui pourrait m'intéresser à Sion. L'un d'eux me dit : « Bah, il y a Grichting ! » Il m'emmène alors à la fenêtre et pointe son doigt dehors. « Tu vois la troisième vallée ? Il habite là-bas. » J'ai donc appelé Grichting et le lendemain il était à l'entraînement et nous l'avons engagé. Il est finalement resté dix ans au club et a fait une très belle carrière avec la sélection suisse, disputant notamment deux Coupes du monde, dont celle de 2010 en s'imposant au premier tour face à l'Espagne (1-0), future championne du monde. Et il ne nous a rien coûté, comme Verlaat et Scifo ne nous avaient rien coûté non plus.

Autre histoire suisse amusante, celle de Benjani Mwaruwari. À l'été 2002, un agent me téléphone pour me dire qu'il a pour moi un attaquant zimbabwéen formidable, pas cher, avec seulement des droits à payer au club sud-africain du Jomo Cosmos, auquel le joueur appartient mais qui l'a prêté au Grasshopper Zurich. Nous allions en stage à Anzère la semaine suivante, donc je lui dis de m'amener le joueur à l'hôtel pour que je le rencontre. Mais une fois sur place j'oublie et un soir, vers 23 heures, on vient me réveiller dans ma chambre pour me dire que Benjani et son agent sont là. On leur donne une chambre, mais le lendemain on oublie de le réveiller. Il se prépare en catastrophe, prend son sac et vient quand même avec nous participer à l'entraînement. Je le trouve moyen, plutôt mobile mais avec une technique un peu inhabituelle. Il reste avec nous toute la semaine et après quelques jours, Yann Lachuer, mon capitaine, quelqu'un de réfléchi et sensé avec lequel j'avais de très bons rapports, vient s'asseoir à côté de moi dans le bus et me dit : « Il est bon celui-là, hein ? On le trouve bien dans le jeu. » Toujours un peu sceptique, je lui dis que ce Benjani n'a pas une belle frappe et il me répond : « D'accord, mais il en met beaucoup quand même. » On acte donc son recrutement mais son visa pour la Suisse ne lui permettait pas de venir en France. J'avais mes entrées auprès de la présidence de la République de l'époque, mais le consul refuse de délivrer un visa. Je rappelle et mon interlocuteur est cette fois un peu plus ferme auprès du consul, mais ce dernier exige un passeport neuf, car l'ancien était complet. Benjani est donc rentré au Zimbabwe puis est revenu en Suisse avant d'arriver en France. Ses quatre ans à Auxerre ont été une réussite, avec un jeu très spectaculaire, même si son transfert s'est avéré compliqué en raison d'intermédiaires difficiles. À table, Yann Lachuer se mettait souvent avec la colonie africaine, qui parlait le wolof. Mais Benjani, lui, parlait uniquement anglais, donc il se plaçait souvent en face de moi, ce qui m'a permis de réviser un peu mon vocabulaire. Il a ensuite réussi une belle carrière en Angleterre, jouant notamment à Manchester City, et nous sommes restés en très bons termes. Lors de la Coupe du monde 2010 en Afrique du Sud, il m'a fait visiter ses nombreuses maisons, dans un quartier résidentiel et sécurisé de Johannesburg.

Le recrutement de Benjani me rappelle celui de Taribo West, qui pourrait à lui seul être le héros d'un livre. C'est Papa

Samba, un « passe-frontières » réputé dans toute l'Afrique mais que je ne connaissais pas, qui m'appelle en 1993 pour me vanter les mérites d'un « joueur formidable ». Il arrive avec Taribo West, âgé de dix-neuf ans mais déjà très, très costaud. On l'aligne tout de suite dans un huit contre huit mais les autres joueurs viennent rapidement me dire : « Ne le laissez pas, sinon on ne sera pas onze dimanche. » Techniquement, il était plutôt faible mais je tente le pari, car cela ne nous coûtait pas grand-chose. Au bout d'une semaine d'entraînement il vient me voir, désigne William Prunier de la tête et me lâche : « C'est lui ton arrière central ? Je suis meilleur que lui. » Je lui ai expliqué qu'il fallait quand même qu'il joue un peu en équipe réserve. Mais il a progressé au point de devenir titulaire indiscutable. Son truc, c'était le marquage individuel. Un jour nous allons disputer le Tournoi de Paris et je lui donne pour consigne de marquer Raí. Ce dernier sort, car il est remplacé… et Taribo le suit jusque sur le banc du PSG ! Tout le monde avait peur de lui, avec ses boucles colorées dans les cheveux. D'ailleurs, quand Raí a quitté Paris pour rentrer au Brésil en 1998, j'ai essayé de le récupérer. J'avais beaucoup de jeunes et je lui ai proposé de venir faire une saison ou deux à Auxerre, en lui expliquant que la vie serait plus calme et que j'en ferais mon capitaine. Il m'a dit que le projet le tentait bien mais qu'il avait envie de rentrer au Brésil, où il avait réinscrit ses filles à l'école. Il a toutefois saisi l'occasion pour m'avouer : « Je ne voulais jamais jouer contre Auxerre à cause de Taribo West. » Je lui ai alors demandé s'il avait pris des coups, il m'a répondu : « Non, mais il ne m'a jamais mis à plus de 50 centimètres de lui. »

À son arrivée en 1993, Taribo avait le permis de conduire mais n'avait jamais conduit. En fait, son permis était une prime de match d'une finale de Coupe du Nigeria. S'ils remportaient le trophée, ils obtenaient leur permis. On l'a donc inscrit dans une auto-école, il a appris à conduire et je lui ai fait acheter une petite voiture. Mais un an après, il me téléphone et me dit : « Je suis en prison. » Je le questionne un peu et il me précise que c'est « dans une rue qui monte, avec des gardiens qui sont sûrement des gendarmes ». Il était en réalité à la gendarmerie d'Auxerre, car son permis de conduire étranger n'était plus valable. Je suis allé le chercher et j'ai tout expliqué aux gendarmes, qui savaient quand même qui il était et ne lui avaient pas mis les menottes. Ils lui avaient pris son téléphone mais il en avait toujours un dans ses chaussettes, une habitude qu'il avait gardée du Nigeria, ce qui avait beaucoup fait rire les forces de l'ordre. Une fois sorti, je lui ai fait acheter une voiture sans permis, mais il était tellement costaud qu'il aurait presque fallu découper le toit pour qu'il puisse passer la tête.

Le summum de sa carrière a été la victoire aux Jeux olympiques de 1996, à Atlanta, avec sa sélection. Depuis les États-Unis, il me téléphonait tous les deux jours, toujours à la même heure, pour me raconter ses matchs. Deux semaines avant le premier, son équipe était en stage et il m'appelle pour me dire que la Fédération nigériane n'avait pas envoyé d'argent et que l'hôtelier avait appelé la police. Prévenu, le président nigérian envoie alors de l'argent mais le sélectionneur, qui n'avait pas été payé depuis janvier, l'intercepte au passage. Taribo a donc réuni tous ses coéquipiers et a dit : « Ceux qui jouent en Europe, sortez votre carte bleue. » Ils ont divisé la somme et ont payé tous leurs hôtels durant ces Jeux olympiques, qu'ils ont fini par remporter en battant le Brésil en demie (4-3 ap) et l'Argentine en finale (3-2). Au retour de ces JO, l'équipe a été accueillie à Lagos par le chef de l'État, qui était un général et qui leur a demandé de défiler dans les rues de la capitale. Taribo lui a répondu qu'avant, les joueurs devaient être remboursés de tous les frais avancés pendant la compétition et recevoir leur prime de victoire, et tout de suite ! Ils sont tous partis avec de l'argent liquide dans les poches, au milieu de la foule. L'État leur a aussi offert un terrain grand comme un département.

Lorsqu'il jouait à Auxerre, il habitait dans un village, à côté de gens que je connaissais. Quand il a été transféré à l'Inter Milan en 1997, je suis allé les voir pour leur demander s'il avait été un bon voisin et ils m'ont assuré qu'il avait été délicieux, d'une grande politesse, même si parfois il organisait quelques fêtes. Ils m'ont toutefois raconté que chaque soir vers 22 h 30, soit à peu près la fin du film à la télévision, ils voyaient sortir Taribo, en survêtement et en tennis, qui faisait dix longueurs de rue au sprint. Il m'avait déjà fait le coup lors de son premier stage en montagne. J'étais dans la salle de massage et j'entends des « clac, clac, clac » répétés. Je regarde alors par la fenêtre et c'était Taribo qui montait dix fois la côte au sprint, alors qu'on avait déjà fait trois entraînements dans la journée. Il avait aussi une petite amie antillaise qui était serveuse dans un bon restaurant d'Auxerre et un soir, il débarque en plein service pour venir la chercher. Gênée, celle-ci lui dit de négocier avec sa patronne, qui le reconnaît tout de suite mais refuse gentiment. Il lui rétorque alors : « Je suis un grand joueur de football ! » Et elle répond : « Ah, vous êtes un grand joueur de football ? Alors j'appelle Guy Roux pour lui demander. » Il a immédiatement dit que ça allait et il est parti tout de suite.

Son départ a été aussi rocambolesque que le reste de son aventure à l'AJA. Nous le vendons pour une belle somme à l'Inter Milan, plus l'organisation d'un match amical en Sicile, mais un problème survient lors de la visite médicale, où on lui décèle un problème de plaquettes de sang. Je montre les résultats des analyses à mon médecin, qui me répond : « Avec ce chiffre-là, il devrait être mort. » En réalité, un nouveau directeur sportif et un nouvel entraîneur venaient d'être nommés à l'Inter et ils ne voulaient plus de Taribo. J'appelle donc Gérard Bourgoin et on décolle pour Milan. Arrivés sur place, on rencontre le directeur sportif Alessandro Mazzola et le médecin du club et on leur demande un annuaire. J'ai pris la main du dirigeant, on a fermé les yeux et son doigt s'est arrêté sur un laboratoire, au hasard. Nous y sommes allés pour refaire les tests sanguins et, miracle, ils étaient excellents. On leur a simplement dit de choisir un bon pharmacien la fois suivante et le transfert s'est conclu. Nous avons ensuite joué le match amical comme prévu pendant la trêve hivernale, à Palerme, mais j'ai attrapé une pneumonie. J'avais 42 de fièvre à l'heure du match, je claquais des dents, j'étais enveloppé de la tête aux pieds dans une couverture. J'ai vraiment failli trépasser et mon médecin m'avait interdit de diriger le match suivant en championnat, au risque selon lui « de faire les obsèques dans la foulée ». Il me fallait une température supérieure à 15 degrés, donc j'ai installé un chauffage central sur le banc, et nous avons été pionniers en la matière avec Strasbourg.

Taribo a ensuite été brillant avec l'Inter, remportant notamment la Coupe de l'UEFA 1998, puis a réalisé une très belle carrière. Chaque année ou presque, il est venu me voir à Auxerre et je l'ai recroisé lors du sacre de George Weah à la présidence du Libéria, avec lequel il était très ami. Tout le monde est venu me voir pour me signifier sa présence. Il était superbe, dans un costume africain, et tout le monde le saluait. Il est désormais prêtre pentecôtiste et a construit deux lieux de culte, un à Milan et l'autre à Lagos, et se déplace toujours avec un garde du corps deux fois comme lui, qui doit faire 2,20 m et 150 kilos. Un vrai phénomène ce Taribo !

J'ai eu d'autres très belles réussites avec des joueurs africains. Pour moi, une bonne équipe de foot doit posséder un grand gardien, un grand défenseur central, un bon créateur, un bon avant-centre et, en option, un ailier gauche. À ce poste j'ai notamment eu Pascal Vahirua et Bernard Diomède, et puis un jour on me dit qu'en Belgique se trouve un phénomène sénégalais nommé Khalilou Fadiga. Avec Daniel Rolland nous partons à Bruges pour l'observer, mais il ne fait pas un bon match. Nous avions vu quelques bribes de son talent mais nous n'étions pas sûrs de nous, alors je suis retourné le voir et il inscrit trois buts et provoqué un penalty. C'était largement suffisant pour qu'on le ramène à Auxerre et qu'il y passe trois belles années (2000-2003). Lors de sa dernière saison au club, nous affrontions Liverpool en Coupe de l'UEFA et chez les Reds se trouvait son compatriote El-Hadji Diouf, que j'ai connu dès son adolescence au centre de formation de Sochaux. Un dimanche après-midi, sur l'annexe 1 du stade Abbé-Deschamps, les cadets nationaux de l'AJA affrontaient les Sochaliens. Lors de ces rencontres, je m'installais toujours sur une chaise en face de la ligne médiane, de l'autre côté des bancs de touche, et je ne disais pas un mot. Devant moi, Diouf fait une faute, l'arbitre lui met un carton jaune et je vois le visage du jeune joueur changer. Je me dis qu'il va frapper l'arbitre et je bondis de ma chaise pour le saisir et le serrer contre moi. Il se fait expulser mais parvient à se calmer sur le bord du terrain. Je l'ai emmené gentiment dans mon bureau, je lui ai donné une serviette avec de l'eau froide, une veste de survêtement pour qu'il n'ait pas froid et on a regardé ensemble la fin de Paris-Roubaix, pendant que se jouait la deuxième mi-temps du match. Donc quand on est arrivés à Liverpool, Diouf m'a embrassé, comme son copain Fadiga. Après notre défaite au match retour à Anfield (2-0), nous étions dans le bus pour rentrer à l'hôtel et Fadiga était placé dans la rangée derrière moi. Il téléphonait à Diouf, qui lui expliquait comment sortir discrètement de l'hôtel pendant la nuit. J'ai attendu qu'il raccroche et je suis allé le voir pour lui dire : « Je vais t'expliquer : la porte de derrière je la connais aussi, mais si tu arrives quand même à t'échapper cette nuit, tu ne reviens pas dans l'avion avec nous et c'est toi qui expliqueras pourquoi à ta femme. » Il a protesté mais j'ai finalement réussi à le convaincre de rester tranquille.

Quand Fadiga est parti, j'ai recruté Bonaventure Kalou, qui jouait au Feyenoord Rotterdam. Pour boucler ce transfert, j'ai commencé par un investissement monstre puisque j'avais invité son agent au *Fouquet's*, le célèbre restaurant des Champs-Élysées. Techniquement, c'était un prodige, un vrai. En revanche, il était très économe de ses efforts. J'ai donc commencé par ne pas le mettre dans l'équipe, parce qu'il fallait que tout le monde défende. Il inventait des astuces pour ne pas faire tous les efforts, car il était très intelligent. La preuve, il est maintenant maire de Vavoua, une grande ville de Côte d'Ivoire de plus de 100 000 habitants. Lorsqu'il était motivé, c'était fabuleux. Au PSG, il a connu une période très difficile pour le club mais ne s'est jamais dégonflé. J'oublie souvent de le citer dans les grands joueurs que j'ai dirigés, car je pense plus volontiers aux anciens qu'aux plus récents. Nous sommes restés en très bons termes et son dernier fils est scolarisé au lycée d'Auxerre et joue à l'AJA.

Évidemment, je me souviens plus facilement des bons coups que des mauvais. Il y en a pourtant eu à peu près autant, même si financièrement nous n'avons jamais vraiment payé beaucoup pour un transfert. L'une de mes plus belles recrues reste Gérald Baticle. Comme j'ai commencé très jeune à entraîner, à trente ans j'avais déjà un carnet d'adresses assez formidable. Et comme j'étais pédagogue, on m'avait demandé d'encadrer des stages d'entraîneurs qui s'étaient ensuite tous répartis un peu partout en France. Évidemment, je leur demandais de m'indiquer les bons joueurs qu'ils avaient repérés et un jour quelqu'un me parle d'un élément d'Amiens, alors en quatrième division, qui avait marqué 35 buts. Je me renseigne et même s'il n'est ni extrêmement rapide ni extrêmement grand, il met plein de buts. Ce joueur, nommé Gérald Baticle, se prépare alors à devenir professeur de sport et son entraîneur n'est autre que l'un de ses enseignants à la faculté. Je téléphone donc à ce professeur qui me confirme que Baticle est très bon, intelligent et facile à coacher. Mais entre la quatrième division et la Coupe d'Europe, que nous jouions à ce moment-là, il y a un fossé. Pour en avoir le cœur net, j'appelle le joueur et nous nous fixons rendez-vous dans un restaurant à Roye, situé à côté de l'autoroute, et je lui dis : « On ne parle pas d'argent, uniquement de football. » Je lui demande quand même quel métier fait son père et il me répond qu'il est boulanger. Je lui dis alors, au bluff, que son père jouait au foot et qu'il était avant-centre. Il me demande : « Comment le savez-vous ? » Je lui réponds : « Parce que les boulangers sont toujours avants-centres. » Dans les villages, en effet, l'avant-centre était souvent le boulanger, car il fallait qu'il soit costaud. D'ailleurs, dans mon village l'avant-centre était l'un des fils de la boulangerie et avait un tir terrible, que je n'ai pas toujours retrouvé chez les professionnels.

C'était un petit Gerd Müller. J'avais seulement quatorze ans mais je jouais avec l'équipe première, et ce qui me frappait c'est qu'il sortait du fournil. Il arrivait couvert de farine, on faisait retarder le match de cinq ou dix minutes pour qu'il ait le temps de s'habiller et, sans échauffement, il nous mettait des buts. Baticle était très impressionné de me voir, car à l'époque on ne passait pas à la télé tous les jours. Je suis revenu la semaine suivante, il était accompagné de son père à qui il avait déjà raconté ma « prédiction » sur son poste d'avant-centre, ce qui a instauré un bon climat. On a discuté un peu et il a signé à l'AJA.

À Auxerre, il fallait être imaginatif et débrouillard. À l'époque, les cadors s'appelaient Jean-Louis Campora à Monaco, Claude Bez à Bordeaux, Jean-Michel Aulas à ses débuts à Lyon, évidemment Bernard Tapie à Marseille et Francis Borelli au Paris Saint-Germain. Ils avaient tous beaucoup plus d'argent que nous, mais j'étais capable d'aller deux lundis de suite à Roye, en plein hiver, pour recruter un joueur. Et puis j'étais l'entraîneur, et pour un joueur ce n'est pas pareil que de parler à un agent ou à un dirigeant, car je pouvais lui dire comment il allait jouer, avec qui à ses côtés, etc. Ce n'est pas que j'aimais ou que je n'aimais pas ce rôle, je le faisais, car personne ne l'aurait fait pour moi. J'étais stupéfait quand plus tard j'ai su que ce n'étaient pas les entraîneurs qui recrutaient les joueurs. Pierre Flamion était comme moi, il commandait tout à Limoges.

Dans ce style de coups « à la Baticle », certains ont très bien fonctionné comme Lilian Laslandes ou Thomas

Deniaud, d'autres beaucoup moins, à l'image d'Hélder Esteves, qui avait inscrit 40 buts en 33 matchs de CFA lors de la saison 2000-2001. Il jouait bien mais il était un peu frêle et il y avait meilleur que lui à son poste, un certain Djibril Cissé. Parmi les transferts que l'on peut considérer comme des échecs, il y a aussi Pierre Deblock, qui était très bon à Sedan mais qui n'a pas du tout réussi chez nous. Cela l'a rendu très malheureux, mais c'est peut-être ma faute et puis il suffisait qu'il y ait un autre bon joueur à son poste.

Parfois, dans notre ménagerie Hamel-Bourgoin-Roux, il y a des jours où ça chauffait concernant les transferts, notamment un week-end de l'été 1999 où nous tentions de faire revenir Stéphane Guivarc'h, qui n'était pas très emballé. Je m'impatientais et je voulais avoir un plan B, donc avec l'accord de Jean-Claude Hamel, nous allons avec Gérard Bourgoin voir l'un des meilleurs attaquants du championnat d'Allemagne. On va chez lui, on discute un peu, j'essaie de le convaincre mais l'affaire n'était pas gagnée d'avance. Le soir, à notre retour d'Allemagne, on va voir Jean-Claude Hamel qui nous lance : « Guivarc'h, c'est presque fait ! » Et ça s'est fait, il est bien revenu au club.

J'ai aussi eu une belle colonie polonaise, puisqu'au total j'en ai dirigé treize : dix bons et trois pour lesquels je me suis trompé. Ils étaient souvent avants-centres, comme Andrzej Szarmach, ou défenseurs centraux, mais j'ai également eu un très grand gardien : Marian Szeja. En 1971, j'ai recruté Jacky Mathieu, qui jouait à Bourges et qui était bon, mais en 1974 j'ai pensé qu'il était trop juste pour la deuxième division. Comme chaque année j'assiste alors à la finale de la Coupe de France et dans les escaliers du Parc des Princes je croise Carlo Molinari, le président du FC Metz, que je connaissais bien. Il me demande : « Tu n'as pas besoin de joueurs par hasard ? » Je réponds évidemment que oui et lui parle du poste de gardien de but. Il m'assure alors qu'il a Szeja, un gardien formidable qui a remporté la médaille d'or aux JO de 1972, mais qu'il veut prendre un joueur allemand et qu'il faut qu'il fasse partir un joueur étranger de son effectif. Je pensais que Szeja ne voudrait pas venir à Auxerre mais le dimanche, nous jouions un match amical près de Troyes et un dirigeant de Metz me l'amène pour qu'il dispute la rencontre. Au retour, je ne l'envoie pas à l'hôtel mais chez moi. Ma femme de ménage, qui était d'origine polonaise, le rassure, car elle lui explique qu'elle s'occupera de lui, qu'ils pourront échanger, etc. C'est comme ça qu'on l'a fait signer, pour pas très cher, et il nous a fait six années formidables en deuxième division. Une fois, à Amiens, il avait stoppé 35 tirs dans le match et au coup de sifflet final les adversaires l'ont porté sur leurs épaules. Je n'ai jamais revu ça. À l'entraînement, lors des séances de frappes, il disait : « *Kein Tor !* » (« pas de but » en allemand). Et là, les joueurs en face, à 20 mètres, n'arrivaient plus à lui en mettre un. C'est lui qui nous emmenés en finale de la Coupe de France 1979 et en première division en 1980.

L'année suivante nous avons fait signer un de ses compatriotes, l'ailier droit Zbigniew Szlykowicz, dit « Slyko », qui était très dur. Exactement comme l'arrière-gauche de

Toulon, où les déplacements étaient toujours très chauds. Sur un terrain sans herbe, « Slyko » se fait fracasser par son adversaire direct et obtient un coup franc. Il s'arrange alors avec ses coéquipiers, pose la balle, fait une passe au joueur qui l'avait fauché et court sur lui pour le détruire à son tour. Personne ne s'est plaint et l'arbitre a dit : « Debout. Un partout. Fini ! » Il est ensuite parti jouer un peu à Beaune mais on l'a fait revenir et nommé responsable du centre de formation. Il a fait ça à la mode polonaise, avec une extrême discipline pour que les pensionnaires le craignent. Avec lui, les jeunes n'étaient pas sûrs de gagner le rapport de force.

En résumé, le recrutement pour moi c'était jour et nuit. Déjà en Division d'Honneur, quand j'étais en vacances à la plage, je prenais un petit bâton pour écrire mon équipe dans le sable, avec les postes sur lesquels se renforcer. La mer arrivait et faisait disparaître mon équipe mais je recommençais le lendemain. Cela m'a demandé une énergie folle, mais cela en valait la peine.

Enzo Scifo : « Guy Roux, il n'y a pas mieux »

Considéré comme l'un des plus grands joueurs belges de l'histoire, Enzo Scifo, quatre participations à la Coupe du monde au compteur et sixième du Ballon d'or en 1990, a relancé sa carrière à Auxerre entre 1989 et 1991. Le mythique meneur de jeu se souvient avec bonheur de ses deux ans passés avec le coach de l'AJA.

Si je vous dis Guy Roux, à quoi pensez-vous en premier ?

J'ai connu Guy Roux dans une période difficile pour moi mais, ayant été plusieurs fois son adversaire auparavant, j'avais une image très positive de lui. Je le voyais comme quelqu'un d'assez rigoureux, dur, qui adorait la discipline. Et c'est effectivement ce que j'ai découvert en arrivant à Auxerre. C'est un grand, grand monsieur, qui correspondait parfaitement à mes attentes, à savoir quelqu'un de sérieux, paternaliste, proche des joueurs, attentif aux détails. Dès que je suis arrivé, j'ai senti que ça allait bien se passer. Après deux ou trois jours, sans même avoir joué une seule minute, je savais que j'avais fait le bon choix. Il m'a donné la motivation et le soutien qui me manquaient. Là, je me suis rendu compte qu'il était très fort. Il avait déjà relancé de nombreux joueurs mais nous sommes tous différents et parfois ça peut moins bien se passer, mais avec lui ça a directement matché.

Comment vous a-t-il convaincu de rejoindre Auxerre ?

Honnêtement, je n'avais jamais imaginé aller jouer à Auxerre et lui n'avait certainement pas pensé qu'il puisse me recruter. J'appartenais quand même à l'Inter Milan et j'étais prêté à Bordeaux, donc le transfert n'était pas abordable financièrement pour un club comme l'AJA. Un journaliste m'a interviewé à une période où Bordeaux m'interdisait pourtant de parler et j'avais un peu peur des répercussions. Il m'a demandé si un club pourrait m'intéresser en France et je voulais un club ambitieux, qui jouait la Coupe d'Europe. Il m'a donc soumis le nom d'Auxerre et de Guy Roux et évidemment, j'ai dit que j'étais prêt à y aller, car je voulais retrouver les terrains pour me relancer. Je savais qu'il faudrait faire des concessions mais cela ne me posait aucun problème. Le lendemain soir, je reçois un appel de Guy Roux qui me demande si ce que j'ai dit dans cette interview est juste et que si j'ai vraiment envie de venir, le club fera le nécessaire. Les dirigeants d'Auxerre, de Bordeaux et de l'Inter Milan se sont donné rendez-vous dans un hôtel parisien et le transfert s'est concrétisé.

Sa façon de diriger ses joueurs vous a-t-elle surpris ?

J'ai joué dans des clubs qui avaient un peu la même philosophie, mais ce n'était pas « à la Guy Roux ». Ce qui m'a vraiment surpris dès le départ, c'est que rien n'était laissé au hasard. C'est quelqu'un qui s'implique du matin au soir et du soir au matin, qui prépare tous ses entraînements, qui n'arrête jamais. J'ai toujours aimé ce genre de personne car j'ai besoin de ça pour avancer. C'était assez exceptionnel de voir un tel investissement. Pour moi, c'était du jamais-vu ! J'avais fait plusieurs clubs avant, mais des personnages comme lui je n'en avais jamais rencontré. Ce qui a bien fonctionné c'est qu'il avait besoin d'un joueur comme moi, il l'a fait comprendre au groupe et tout le monde a adhéré, donc il n'y a pas eu de jalousie. Je me suis aussi plié aux habitudes d'un club très professionnel mais avec d'autres méthodes que celles que j'avais connues. Que ce soit avec moi ou avec d'autres, il n'a pas mis beaucoup de temps à le faire comprendre, il arrive à convaincre rapidement ses joueurs et les gens qui travaillent autour de lui. C'est comme ça et ce n'est pas autrement.

Quelle place occupe-t-il dans l'histoire du football ?

Je l'ai souvent dit, mais j'ai connu de grands entraîneurs et je mettrais Guy Roux à part. Ce n'est pas seulement un entraîneur. Au niveau du management, c'est la personne de laquelle j'ai le plus appris. Lorsque j'étais entraîneur, j'ai souvent pensé à lui. Pas pour lui ressembler, car ce n'est pas possible, mais plutôt pour la manière dont il pense. Guy Roux, il n'y a pas mieux. Il n'y a pas mieux pour faire comprendre des choses à un groupe ou à un club, toujours par la simplicité. Il est très fidèle à ses méthodes, il a toujours eu des résultats et surtout il a fait progresser tous ses joueurs.

Soigner sa sortie

Chaque joueur ou chaque entraîneur rêve de soigner sa sortie. De ne pas faire l'année de trop. Je n'ai évidemment pas échappé à cette règle. À la fin de la saison 1999-2000, où nous nous sommes sauvés à la dernière journée contre Rennes (2-1), j'étais usé et j'ai décidé d'arrêter. Pour ma succession, il n'était pas question de prendre quelqu'un de l'extérieur et le président a choisi Daniel Rolland, qui avait la charge du centre de formation. Dès le lendemain de mon départ, les dirigeants ont organisé une réunion sans moi, comme pour se venger, avec un petit « v », de toute l'autorité que j'avais dans le club. Après être parti en vacances, je suis revenu au centre de formation, où l'on a un peu poussé les murs pour me trouver un bureau, et je me suis occupé du destin de plusieurs joueurs. J'ai végété un peu dans un rôle de conseiller sportif, un peu sur les plates-bandes du président et je n'ai pas vraiment apprécié cette année. J'assistais aux matchs, mais c'était très difficile. J'allais dans la tribune opposée à celle des dirigeants, en compagnie de mes amis du village d'Appoigny. C'était dur, je flottais à côté du fonctionnement du club. Daniel Rolland faisait du très bon travail, avec la génération Djibril Cissé et Philippe Méxès. Mais lors d'un des derniers matchs, il a fait sortir Djibril, qui a eu une attitude déplaisante. Daniel Rolland aurait alors laissé échapper qu'il en avait marre. Après la rencontre, j'étais à la buvette des VIP, où je faisais un peu les relations publiques du club, et l'on est venu me dire que Daniel Rolland voulait arrêter. Jean-Claude Hamel m'a alors appelé dans la nuit pour me demander si je voulais reprendre du service. J'étais à nouveau frais, donc j'ai répondu oui. J'ai toutefois commis une faute, je n'ai pas appelé Daniel Rolland pour être certain qu'il voulait arrêter et qu'il ne s'agissait pas simplement d'un moment de fatigue passagère. Il m'en a un peu voulu et je le comprends.

Je suis donc revenu pour la saison 2001-2002 et j'ai bénéficié de son travail, au centre de formation puis avec l'équipe professionnelle, et nous avons réussi quatre saisons brillantes, avec notamment deux victoires en Coupe de France et une participation à la Ligue des champions. J'avais un peu tout purgé, il ne me restait que le bon de ma profession, c'est-à-dire un très grand savoir-faire technique et psychologique, et beaucoup de connaissances dans d'autres domaines, comme le physique. Dans ce métier j'avais été le gamin, pendant longtemps le plus jeune de France, et j'ai terminé en étant le grand-père, en jouant deux matchs par semaine, dont un à l'étranger pour la Coupe d'Europe. Mais j'ai commencé à fatiguer, le burn-out repointait le bout de son nez. Un docteur en psychiatrie m'a soigné en m'initiant à l'hypnose. Je me rendais le soir vers 23 heures, pour que personne ne me voie, à l'hôpital psychiatrique. Les crises se manifestaient d'une manière très grave. J'avais comme un frein pour me rendre au stade. J'étais obligé de me raisonner, de me gendarmer, sinon j'aurais fui dans les bois. C'était une vraie maladie. J'avais donc prévu mon arrêt dès janvier ou février, après l'incident concernant le recrutement d'un arrière-droit. Dans ma tête, cela a été un prétexte. Je n'avais informé personne, pas même mon fils.

La finale de la Coupe de France 2005 face à Sedan (2-1) a eu lieu le samedi et dès le dimanche soir, il y a eu une réunion pour choisir mon successeur. J'avais placé un nom sur un papier, c'était celui de Jean-Marc Furlan, que je connaissais bien et qui était en poste à Troyes. Je l'ai appelé l'après-midi de la finale pour lui proposer de me succéder, mais il m'a dit que j'arrivais trop tard car il avait donné sa parole à son président. Et il est finalement venu à l'AJA quinze ans après. On parle, mais je ne l'embête pas, je ne suis pas envahissant. Je vais rarement voir l'entraînement, chaque fois dix minutes, et je lui téléphone parfois, autant quand on gagne que quand on perd. Furlan n'étant pas disponible, Gérard Bourgoin est allé voir Jacques Santini, finalement choisi, et Guy Lacombe, dont j'avais aussi soufflé les noms. Le choix de Santini était le bon professionnellement, car il possède toujours la meilleure moyenne de points pour un sélectionneur de l'équipe de France et avait remporté le premier titre de champion de France de l'Olympique

Lyonnais. Je suis devenu ami avec lui mais à l'intérieur du club il n'était pas facile. Dans ceux qui m'ont succédé, il figure dans le trio de tête concernant sa qualité d'entraîneur. À la sympathie, je retiendrai surtout Bernard Casoni. Ensuite il y a eu plusieurs années compliquées, avec notamment une grande bataille pour la présidence et des choix d'entraîneurs bizarres. Je ne regardais pas ça de manière très joyeuse et cela a fini par aboutir à une malheureuse descente en Ligue 2 en 2012.

Au cours de l'année 2007, deux ans après mon départ du poste d'entraîneur, Jean-Claude Hamel m'appelle pour m'inviter à déjeuner chez lui un midi. Il y avait aussi Gérard Bourgoin et Jean Fernandez. Le président me dit alors que je « gêne beaucoup Jean Fernandez », qui pendant ce temps-là regardait la nappe. J'étais très surpris car je ne suis jamais retourné dans les vestiaires, mon bureau était au centre de formation, je bloquais certains départs pour le bien du club et j'avais des conversations normales avec lui. Le problème était simplement que je respirais le même air. Je demande donc : « Vous me virez ? » Jean-Claude Hamel répond : « Je vous interdis de prononcer ce mot ! » J'ai enchaîné en disant : « Alors vous me mettez dehors. » J'étais au club depuis 1952 et ce jour-là, à 14 heures, j'étais viré. En sortant de la maison, j'avais les jambes coupées. Mais à 15 heures, je reçois un coup de fil de Jean-Pierre Bernès et Alain Migliaccio, les deux meilleurs agents de France, copains de Gérard Bourgoin et qui, étonnamment très bien renseignés, me disent qu'ils ont un club pour moi et que je n'ai qu'à choisir entre Monaco, Bordeaux et Lens. Monaco est tout de suite sorti de l'équation puisque Ricardo, l'entraîneur brésilien de Bordeaux, allait y signer. J'étais complètement secoué et le lendemain matin, j'étais au bord de mon étang et j'ai rappelé Jean-Claude Hamel pour lui dire : « Je ne m'en vais pas. » Il m'a dit que c'était trop tard et qu'on m'avait déjà remplacé, ce qui était faux. Je suis donc allé chez mon fils à Paris et le président et le propriétaire de Bordeaux, Jean-Louis Triaud et Nicolas de Tavernost, m'ont appelé. C'était séduisant, mais j'avoue que j'ai eu peur des Brésiliens de l'effectif, qui ont la réputation d'aimer la fête.

Gervais Martel m'a appelé aussi et je me suis donc orienté vers Lens, d'autant plus que le jour de mes soixante ans nous jouions au stade Bollaert et dans tout le stade des centaines de lampes de mineurs avaient été allumées et il y avait des banderoles me souhaitant mon anniversaire. Ça m'a touché et puis je savais que c'était un peuple formidable, ce que j'ai pu vérifier. Gervais Martel et l'un de ses adjoints m'ont convoqué dans un grand hôtel parisien et m'ont expliqué leur projet sur un paperboard et l'équipe formidable que j'aurais. La saison précédente avait été conclue à la cinquième place, notamment à cause d'une défaite à Troyes (3-0) lors de la dernière journée qui les avait empêchés de se qualifier pour la Ligue des champions. Francis Gillot avait quitté son poste d'entraîneur mais il était resté au club en tant que recruteur. J'avais donc posé comme première condition de manger avec lui, pour que nos rapports soient clairs tout de suite, et c'est ce qu'on a fait. Je logeais d'abord dans l'hôtel que possédait Gervais Martel, qui m'avait également prêté une voiture. Les installations, situées à Avion, étaient excellentes. Les dirigeants avaient tout fait au mieux. Ils m'ont fait visiter une maison où avaient lieu des fouilles en lien avec la bataille de Notre-Dame-de-Lorette, pendant la Première Guerre mondiale. Je me rappelle qu'ils avaient retrouvé une caisse de whisky canadien ! Finalement, les dirigeants lensois m'ont trouvé un château près d'Arras. Évidemment, je l'ai pris, je ne pouvais pas trouver mieux, mais c'était situé à 25 kilomètres d'Avion et il fallait une grosse demi-heure pour se rendre au centre d'entraînement. Ça m'a déplu car je n'étais pas habitué à ça. À Auxerre, les jours où les feux étaient verts je mettais cinq minutes. J'avais un peu le cafard mais les gens étaient d'une extrême gentillesse, très attachants. Lorsque je quittais le centre d'entraînement vers 20 heures, que je passais au milieu des corons, les habitants restaient dehors devant chez eux pour me saluer quand je passais.

Dans mon effectif, je devais avoir Seydou Keita, le meilleur joueur lensois de la saison précédente. Lorsque je suis arrivé il était avec la sélection malienne, mais je l'avais très régulièrement au téléphone. Il hésitait à rester ou partir et finalement il a signé au FC Séville, ce qui a constitué une perte énorme. Après son départ, j'ai prévenu que l'on allait jouer le maintien. J'étais habitué à construire moi-même mon effectif, mais à Lens les dirigeants choisissaient les joueurs. C'était la même formule que celle de Jean-Michel Aulas, qui disait : « J'achète une Ferrari à mes entraîneurs, ils la conduisent. » À Auxerre, je construisais la Ferrari et je la conduisais. Dans l'effectif il y avait l'ancien gardien de l'équipe de France Espoirs, Charles-Hubert Itandje, qu'ils ont vendu pour recruter Vedran Runje, qui était pourtant trois fois moins bon. Ce dernier, qui avait dépassé les trente ans, me disait même : « Je ne plonge pas à l'entraînement, je me réserve pour les matchs. » Autant vous dire que lors des séances de tirs au but, c'était un peu ridicule... Nous avions aussi Daniel Cousin au poste d'avant-centre, ce qui m'allait très bien car il était l'un des buteurs les plus réguliers de Ligue 1, et en plus très sympathique et franc. J'étais très content de lui mais ils ont décidé de le vendre et je n'avais plus aucun avant-centre. Il avait aussi connu un petit problème car il avait fait un doigt d'honneur à une section de supporters qui l'avaient chambré et qui étaient donc en colère contre lui. Lors d'un match amical, ils lui avaient même cassé ses essuie-glaces et ses rétroviseurs. J'ai donc dit à Gervais qu'il fallait qu'on aille directement rencontrer ces supporters dans leur quartier général, dans un bistrot, pour présenter des excuses et même y retourner avec Cousin si cela se passait bien. Mais ma proposition a été refusée et le joueur a été transféré.

J'ai quand même qualifié l'équipe en Coupe de l'UEFA grâce à la Coupe Intertoto, mais en championnat on commence par une défaite à Bordeaux (1-0), où Laurent Blanc entamait sa carrière d'entraîneur. Dans leur tête, les joueurs jouaient le titre, mais je n'avais toujours pas d'attaque. Lors des deux matchs suivants, contre le PSG et à domicile face à Valenciennes, nous faisons chaque fois 0-0. Je n'avais aucun reproche à faire mais je n'avais plus envie de rester. Je suis donc allé chez Gervais Martel pour en parler avec lui, il a essayé de me convaincre de rester mais je lui ai dit que je dirigerais mon dernier match le week-end suivant à Strasbourg, où nous avons perdu (2-1). J'ai quitté mon poste le 25 août, mais j'avais fait tout le mois de juin gratuitement car je n'avais pas encore signé mon contrat, donc j'ai simplement demandé à être payé les cinq jours d'août restant. Je voulais partir dans la nuit après le match à Strasbourg mais il a tenu à m'organiser une fête le lundi avec tout le personnel du club, même les femmes de ménage. Je n'avais aucun problème avec personne, c'était vraiment une situation bizarre. Je ressens un profond regret pour Gervais Martel et les Lensois, car ils sont finalement descendus en Ligue 2, mais cette saison-là ils n'avaient tout simplement pas une bonne équipe. Si je fais le bilan de ma vie, je dirais quand même qu'heureusement qu'il y a eu cet épisode lensois, sinon cela aurait été trop linéaire. Non pas que je n'ai pas eu de difficultés à Auxerre, car j'en ai eu tous les matins, sans arrêt. Mais peut-être que je n'étais pas fait pour aller ailleurs qu'à Auxerre…

La Côte d'Ivoire m'avait aussi approché lorsque j'étais entraîneur, sur une idée des frères Boli. Didier Drogba, l'avant-centre star de la sélection, avait donné son aval. Le président de la Fédération ivoirienne était venu à Paris me rencontrer, nous étions d'accord sur toute la ligne et d'un coup ça a capoté, visiblement en raison de pressions politiques. J'ai aussi dirigé pendant dix jours un stage d'entraîneurs à Dubaï, sur demande de la fédération locale, mais j'ai refusé un poste de directeur technique national du Maroc.

En plus de ma carrière de consultant, qui me faisait voyager, je suis revenu à l'AJ Auxerre, mais pas auprès de l'équipe professionnelle, et je m'occupe de la forêt que j'ai héritée de mes aïeuls. Et puis je passe aussi beaucoup de temps au bord de mon étang, que les dirigeants m'avaient fait pour me convaincre de rester lorsque j'avais été approché par le PSG. Tout cela m'occupe très sainement après une folle vie d'entraîneur. Si mon fils avait voulu devenir coach à son tour, je ne l'aurais ni encouragé ni découragé. C'est quelque chose de formidable, même en Division d'honneur. C'est tellement passionnant. La contrepartie, c'est que concilier la vie de famille et la vie professionnelle est difficile. Même quand j'étais là, je n'étais pas là. Lors d'une avant-veille de match, mon fils, alors âgé d'une douzaine d'années, m'a dit pendant le repas du midi : « Papa, tu as les yeux vides. » Il avait raison, j'étais en train de penser à la rencontre. Et puis il y avait aussi les lendemains de matchs, lorsqu'on avait perdu… J'avais un emploi du temps pas possible. Lorsque nous faisions des mises au vert, je partais le vendredi à 13 heures et je ne revenais que le samedi dans la nuit, avant d'enchaîner par un réveil aux aurores le dimanche pour aller voir un match à l'étranger ou faire lever les juniors qui manquaient à l'appel. Et à côté de ça, entre 1963 et 1997, j'ai également été agent général d'assurances. Je peux donc dire sans fausse modestie que ma vie a été bien remplie et ma retraite bien méritée.

J'aimerais terminer ce chapitre avec une pensée émue pour mon ami Gérard Houllier. Lorsqu'on est dans le football, cela entretient l'idée que l'on est vivant et éternel. Mais l'année 2020 nous fait un rappel terrible, puisque l'on a notamment perdu trois de nos plus grands entraîneurs : Michel Hidalgo, Robert Herbin et Gérard Houllier. C'est la malédiction des trois H. J'ai connu Gérard lorsqu'il était entraîneur de Nœux-les-Mines, que nous avions affronté en Coupe de France. J'ai vu ce jeune homme d'une trentaine d'années et je me suis aperçu que son équipe, pourtant d'un niveau inférieur au nôtre, était très évoluée. Nous avons discuté après la rencontre et j'ai suivi son parcours, à Lens, au PSG puis à Liverpool, que nous avons affrontés lors de la Coupe de l'UEFA 2003.

Un samedi d'hiver où nous avions joué contre Sochaux, sur un terrain avec une neige fondante, j'ai rapidement vu qu'on allait complètement bousiller notre pelouse. J'ai prévenu l'arbitre, qui a refusé d'arrêter de jouer, et la pelouse a fini injouable pour le restant de la saison. Cela devait être trois semaines avant ce match de Coupe d'Europe contre Liverpool et avec le président Hamel, nous avons acheté du gazon en rouleau, qui est arrivé par des semi-remorques au nombre de dix-sept ! Mais comme les camions ne pouvaient pas rouler le week-end, les rouleaux sont arrivés le lundi… et l'on jouait le jeudi. Les ouvriers ont donc travaillé nuit et jour. La veille du match, Gérard est arrivé avec son équipe de Liverpool et voulait s'entraîner sur la pelouse de l'Abbé-Deschamps, qui était à peine posée. Je lui ai expliqué la situation et lui ai demandé s'il pouvait aller sur le terrain annexe. Et il y est allé sans aucun problème, avec tous ses joueurs vedettes. On a joué le lendemain et on a perdu 1-0.

Quelques années avant cette rencontre, Gérard me téléphone et me dit : « Je veux te rendre visite lundi, je viens avec mon directeur pour une visite amicale. » On a bien sûr bu un verre de chablis, mais évidemment on a surtout parlé de Djibril Cissé. Je lui ai dit que j'étais plus favorable à ce qu'il le rejoigne à Liverpool qu'à ce qu'il aille ailleurs, pour son avenir et parce que les Reds avaient de l'argent et étaient bons payeurs, mais seulement dans trois ans. Je les ai emmenés chez Jean-Marc Brocard, un ami vigneron, pour faire une dégustation de vins rares et pour déjeuner. Gérard a essayé de me faire plier pour prendre mon joueur immédiatement, mais il avait déjà Owen et je lui ai expliqué que Djibril allait se retrouver en équipe réserve et que son intégration en Angleterre n'allait pas bien se passer. Donc on n'a pas fait le transfert tout de suite, mais Gérard est revenu à la charge deux ans plus tard. Je lui ai dit : « Je suis toujours d'accord pour qu'il aille chez vous, on va faire le transfert mais vous nous le laissez encore un an. » Un après-midi d'été, au bord de mon étang, on s'est donc réunis avec l'agent de Djibril et un dirigeant anglais et on a scellé cet accord, garantissant même à Djibril que ce qu'il ne gagnerait pas chez nous lors de cette saison supplémentaire lui reviendrait une fois qu'il irait à Liverpool. Il a donc fait sa dernière saison chez nous et a terminé meilleur buteur de Ligue 1, avec 26 réalisations.

Je me souviens aussi avoir assisté à la prise de pouvoir de Gérard Houllier en équipe de France le jour de la défaite contre le Danemark à l'Euro 1992, lorsqu'il était adjoint de Michel Platini. Ce dernier était fâché avec les joueurs et c'est donc Gérard qui dirigeait les entraînements. On a appris le soir que Platini démissionnait et Gérard nous a fait savoir qu'il se portait candidat. Il faut dire que j'avais toujours des joueurs en équipe de France, souvent trois d'un coup, comme lors de la Coupe du monde 1998, et donc je savais ce qui se passait chez les Bleus.

On se demandait encore récemment de nos nouvelles car nous étions devenus proches. Il a eu son accident cardiaque à l'automne 2001 et dans la même période j'ai perdu Serge Mésonès, qui avait été mon capitaine et avec lequel j'étais très ami. Nous avions mangé ensemble après un match et il est mort à Aubin, son village natal. Il était conseiller technique de la ministre des Sports Marie-George Buffet, puisqu'il était communiste. Il a fait un match avec le Variétés Club de France et il s'est écroulé aux pieds de l'arbitre, alors qu'il était pourtant d'une sobriété exemplaire et n'avait pas un gramme en trop. Le seul pépin qu'il pouvait avoir, c'était de se tuer au travail. À cette même période, on me raconte donc l'accident cardiaque de Gérard. Il y avait deux chirurgiens et l'opération était terminée, ils étaient prêts à s'en aller lorsque ça a recraqué. Là, un des deux chirurgiens a dit : « On n'y arrivera pas. » Mais l'autre n'a pas abandonné et, après une dizaine d'heures d'opération, il a été sauvé. Ces deux accidents m'ont plus qu'attristé, ils m'ont touché très profondément. Pourtant, le club allait bien, mais la semaine suivante j'ai eu des douleurs au thorax. Je savais que j'avais une fragilité parce que j'avais trop tiré sur la corde. Quelques jours plus tard, un vendredi matin, ça a tiré plus fort que d'habitude. J'ai annulé ma conférence de presse et je suis parti en voiture à l'hôpital, sans appeler le Samu. Le cardiologue d'Auxerre, M. Soto, a tout de suite fait le bon diagnostic et m'a dit qu'il fallait que je me fasse opérer le soir même. On est donc partis en ambulance à Paris, à l'hôpital Cochin, où ils ont constaté que c'était bouché. À six heures du soir ils ont cherché un hôpital avec une place disponible et ont trouvé Saint-Joseph. Ils ont réuni une équipe opératoire de onze personnes, comme une équipe de foot. L'équipe était au complet, sauf l'anesthésiste. Je leur ai dit : « Ne commencez pas sans lui ! » Ils ne m'ont pas caché que c'était très dangereux et m'ont même demandé si j'avais pris quelques dispositions. J'avais fait venir mon fils à l'hôpital et, pendant que les infirmières me préparaient, je lui ai dicté tout ce qu'il fallait savoir. L'opération, un double pontage, a eu lieu, je me suis réveillé à 3 heures du matin et j'ai trouvé au-dessus de moi un gars costaud, barbu, habillé avec sa blouse verte, en train d'arranger mes tuyaux. J'étais attaché au lit, comme un prisonnier. Et là il me lance : « Guy Roux, t'as l'habitude d'être le chef, mais ici c'est moi le chef ! » J'ai été très, très bien soigné. Je peux le raconter avec le sourire car cela ne fait plus mal. On jouait contre Lyon deux jours plus tard et c'est Alain Fiard, mon adjoint, qui dirigeait l'équipe. Les médecins m'avaient interdit d'avoir la télé pour regarder le match et c'est Christian Jeanpierre qui est venu me donner le résultat.

Après ça, je suis allé dans une maison spécialisée en banlieue parisienne pendant dix jours, au lieu de trois semaines. Il fallait compléter la rééducation et Gérard Houllier, avec lequel je correspondais, m'a dit qu'il allait faire la sienne en Corse, à Porto-Vecchio, en nageant dans la piscine du Sofitel. J'avais imaginé de mon côté une rééducation personnelle. Je connaissais un peu ce coin-là et j'ai donc inventé ma propre méthode. Il y avait un village au sommet d'un petit col et le premier jour j'ai garé ma voiture à 200 mètres du haut et je suis monté à pied. Le deuxième jour, même chose à 400 mètres du sommet, le troisième à 600 mètres et ainsi de suite. Au bout de dix jours, je montais à pied du bas en haut du col. Des paysans corses m'attendaient au sommet pour me redescendre à ma voiture, mais pendant qu'ils patientaient ils buvaient des Ricard. Un jour, le conducteur qui m'a descendu dans les virages de ce petit col m'a avoué qu'il en avait bu neuf ! C'est peut-être à ce moment-là que j'ai le plus risqué ma vie.

Avec Gérard nous faisions nos soins le matin, l'après-midi nous nous reposions et on se retrouvait le soir à table, avec son épouse. Évidemment, on a beaucoup parlé de football. Quand il était Directeur technique national, on échangeait beaucoup et il cherchait toujours à avoir des idées car nous avions le meilleur centre de formation de France à cette époque. Nous sommes toujours restés très proches, même depuis qu'il était rattaché à Red Bull. Jusqu'au bout il a eu une vie extraordinaire. Il enjambait les continents, un jour à New York ou Montréal, l'autre à Leipzig ou à Paris. Mais j'ai connu la même sensation : quand on est guéri, on n'a plus peur. Les docteurs m'ont dit que les émotions ne tuent pas si on les maîtrise. Je me suis dit que j'aurais dû mourir depuis très longtemps, puisque j'étais entre mon 800e et 900e match de première division et qu'avant j'avais déjà entraîné pendant vingt ans. Et j'ai eu les mêmes émotions en Division d'Honneur et en Coupe d'Europe.

Sur le banc de l'AJA, alors en deuxième division, en 1979.

En 1980 dans mon bureau de l'Abbé-Deschamps, jamais loin des ballons.

L'une de mes nombreuses rencontres avec François Mitterrand,
ici en avril 1981 à Château-Chinon.

Assis devant le banc au stade Vélodrome avec Gérard Bourgoin,
mon compère de toujours.

Le doublé
coupe-championnat :
Auxerre roi de France
en 1996.

Aux commentaires
d'un match
de l'Euro 1996
avec le jeune
Hervé Mathoux.

La remise de la Légion
d'honneur par
Jacques Chirac,
en novembre 1999.
Un souvenir incroyable.

En train de vivre le match intensément (et toujours bien couvert).

Entouré de Benjani et Djibril Cissé, après la victoire face au PSG en finale de la Coupe de France 2003.

Sur la pelouse du Stade de France avec mon fils François,
après ma troisième victoire en Coupe de France.

Avec mon très cher président Jean-Claude Hamel
et la Coupe de France gagnée en 2005.

Mon premier match sur le banc de Lens, face au débutant Laurent Blanc.

En tenue de cycliste
sur le Tour de France 2006
pour « L'étape du cœur »,
au profit de
Mécénat Chirurgie
cardiaque.

Au calme au bord de mon étang, où j'aime aller me ressourcer.

Un très bon moment partagé avec Carla Bruni-Sarkozy
à la vente aux enchères des Hospices de Beaune, en 2012.

Avec Alexandre Alain, qui a écrit ce livre avec moi.

Mes équipes de rêve

Pouvez-vous composer votre équipe idéale ? C'est un jeu auquel beaucoup de journalistes m'ont demandé de me prêter, mais j'ai très souvent refusé car il est pour moi très difficile de choisir, que cela concerne des joueurs que j'ai dirigés ou les plus grands noms du football. Car choisir certains, c'est renoncer à d'autres. Mais je vais faire ici une exception, en gardant toujours à l'esprit que beaucoup d'autres joueurs auraient pu figurer dans ces deux équipes.

Celle de l'AJA est inévitablement disposée en 4-3-3, avec un mélange des joueurs de très grande qualité et de haute valeur morale. Ne choisir que onze joueurs qui sont passés au club est tellement compliqué que je peux même vous proposer une équipe B, qui serait celle-ci : Szeja - Goma, Prunier, Verlaat, Rabarivony - Martins, Lamouchi, Cocard - Cissé, Szarmach, Vahirua.

Pour l'équipe de rêve, toutes époques confondues, le choix et la qualité des joueurs sont évidemment encore beaucoup plus importants. Comme il s'agit d'une « équipe de rêve », qui n'aurait jamais pu être réunie sur un terrain, la disposition tactique est ici beaucoup plus offensive et se rapproche du football qui était pratiqué dans mon enfance, avant même le célèbre « WM ».

Mon équipe type de l'AJA

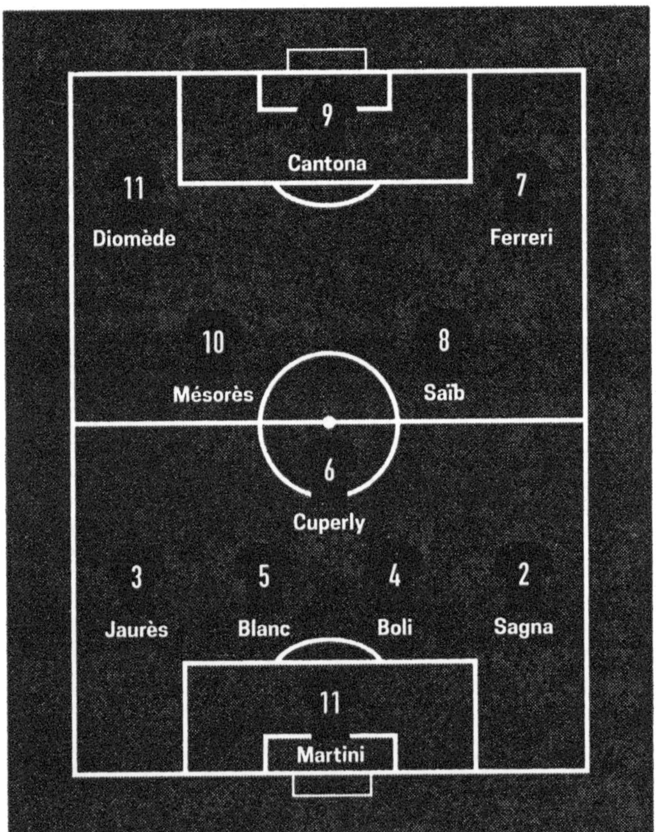

Mon équipe type de rêve

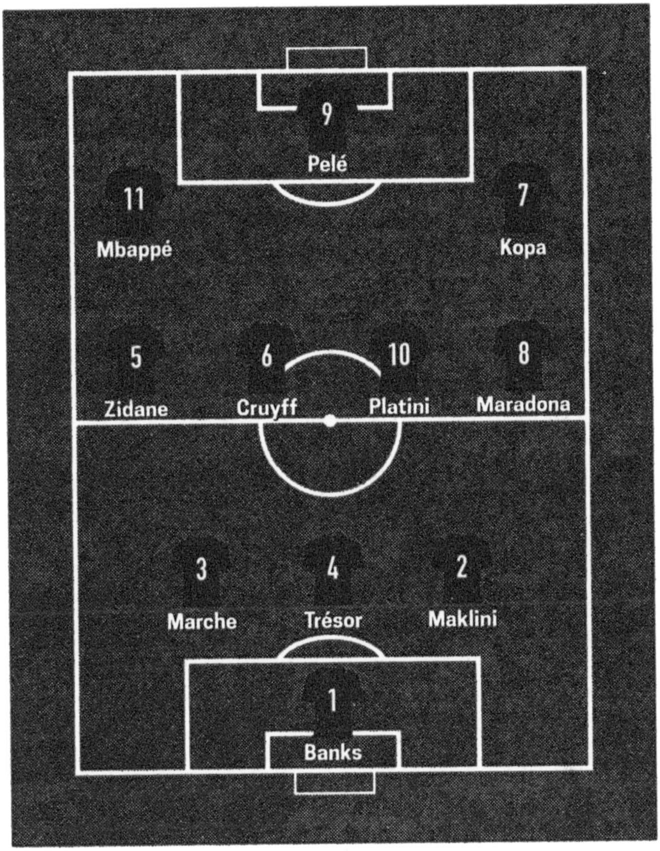

L'arbitrage, entre rigolade et certitudes

Avant de vous conter mes expériences et mes avis sur l'arbitrage, je vais commencer par un rapide rappel historique à ce sujet. Le premier match de football a été joué une après-midi de 1860 par des étudiants anglais qui n'avaient pas prévu d'arbitre. Toutes les règles étaient fondées sur le principe de loyauté, l'idée de triche n'existait pas et certains coups étaient autorisés mais devaient être donnés « avec loyauté ». L'arbitrage a été créé ensuite et est désormais plutôt très bien structuré, au niveau mondial, européen et français. Les arbitres sont même devenus professionnels, ce qui est normal, alors qu'avant beaucoup d'employés de chemins de fer étaient arbitres car ils ne payaient pas le train et pouvaient donc voyager plus facilement que les autres et empocher le remboursement des billets. Aujourd'hui, ils sont présents dans toutes les instances et sont donc de plus en plus influents pour faire évoluer l'arbitrage. Par exemple, ils ont mis en place depuis plusieurs années un quatrième arbitre, que je considère comme un touriste, qui regarde le match et qui embête les entraîneurs. Michel Platini, lorsqu'il était président de l'UEFA, avait aussi décidé de mettre un arbitre supplémentaire dans chaque surface de réparation. Ils ne servaient à rien non plus puisqu'ils avaient peur de désavouer l'arbitre central. Désormais, le cinquième arbitre est placé dans un car à Paris alors que le match a lieu à Brest ou à Marseille. Ils sont trois, un chef et deux assesseurs, et il faut qu'ils débattent dans un laps de temps très court en fonction des images d'un appareil ou d'un trait qui n'est pas fiable car la caméra n'est jamais exactement perpendiculaire à l'action à juger et, pour un hors-jeu, il faut que l'image soit arrêtée pile au moment où le ballon part du pied, pas un centième de seconde après. Les gens l'oublient alors que c'est pourtant scientifique : une mesure exacte n'existe pas. Avant la vidéo, les arbitres se trompaient car ils étaient pris de vitesse, mais cela faisait partie du jeu. Et puis les joueurs se sont civilisés à cause des sanctions, un peu comme les gens lorsqu'on leur dit de rentrer chez eux à 18 heures.

Personnellement, j'avais ma réputation avec les arbitres, mais je ne me suis jamais fait expulser. Déjà à l'époque on ne donnait pas de cartons aux entraîneurs, on les envoyait directement dans la tribune, mais je n'y suis jamais monté. Je criais beaucoup mais je ne prononçais jamais d'insultes, c'est quelque chose que je n'ai pas dans mon langage. Je me suis toujours tenu au courant des lois du jeu, donc je n'étais pas repris là-dessus non plus, mais en revanche, il m'arrivait souvent de crier aux arbitres : « Oh, monsieur, la loi

12 ! » Avant les matchs à l'Abbé-Deschamps, c'est moi qui apportais personnellement le ballon à l'arbitre pour savoir s'il était satisfait du gonflage et surtout pour me permettre de lui donner quelques petits conseils invisibles, comme : « Monsieur l'arbitre, la loi 11 n'a pas changé ces temps-ci ? C'est bien toujours au départ du ballon qu'on juge le hors-jeu et pas à l'arrivée ? Je dis ça car Djibril Cissé va très vite et si vous ratez le départ du ballon vous allez toujours le signaler hors-jeu. »

Je n'ai donc jamais été expulsé, mais j'ai vécu des moments savoureux. Lors d'un match à Gueugnon arbitré par un Parisien, un vrai « titi » qui parlait argot et dont on tolérait des écarts de langage, sur un coup franc je lui crie : « Monsieur, la loi 12 ! » Comme cela faisait plusieurs fois que je le reprenais, il arrive en sprintant et s'arrête à 1,50 m de moi et me lâche un grand « Ta gueule ! ». Aujourd'hui, il aurait pris au moins cinq matchs de suspension. Mais j'ai mis les mains en avant, comme un pacifiste, et je lui ai dit : « Ne craignez rien, j'ai fini. » Je n'ai plus dit un mot jusqu'à la fin du match mais ensuite il a fallu que j'aille chercher mes licences dans son vestiaire. Il était un peu penaud, me regarde et me dit : « Sans rancune ? » « Sans rancune de quoi ? » lui ai-je répondu. On s'est serré la main et je ne l'ai plus jamais rappelé à l'ordre. Il est même devenu membre de la commission de discipline donc je l'ai retrouvé pour défendre mes joueurs, et si je ne lui ai jamais rien demandé, je suis sûr qu'il n'était pas de ceux qui m'accablaient.

Avec Robert Wurtz, j'avais des relations un peu particulières car il est, comme moi, Alsacien de naissance. Lors d'un PSG-Auxerre disputé au Parc des Princes en 1989, je l'embête un peu et il se dirige à toute vitesse vers moi et se jette à genoux juste devant. Du jamais-vu ! Je me place alors devant lui et je me mets dans la même position, presque nez à nez. Cela nous a valu une ovation monstre de la tribune officielle du Parc des Princes et une grande rigolade de tout le monde. C'est une scène devenue légendaire. Une autre fois, toujours avec Robert Wurtz mais cette fois-ci lors d'un Lens-Auxerre, sur le coup d'envoi l'avant-centre nordiste s'emmène le ballon de la main puis manque de peu d'ouvrir le score. Je crie donc : « Oh, Robert, ça a commencé ! » Et là il se met à faire l'avion, les bras écartés, puis fait un rond et arrive devant moi et me lance, avec son bel accent alsacien : « Je l'ai vu, je n'ai pas sifflé, je suis un con ! » J'ai rigolé, que vouliez-vous que je fasse d'autre ? Nous participions à un jeu, et dans un jeu on peut s'engueuler. Aujourd'hui, il m'aurait mis un carton et je lui aurais été hostile. C'est une diplomatie qui se joue entre l'arbitre et l'entraîneur. Les très bons arbitres ont une autorité naturelle parce qu'ils se trompent moins que les autres et ont une attitude qui n'est pas provocatrice, à l'image du meilleur arbitre français, Clément Turpin, un Bourguignon qui était professeur au sport-études d'Auxerre.

Mais comme dans toutes les strates de la société, il y a une minorité qui est malhonnête. Parfois, j'ai eu des certitudes. Lors d'un match dans un pays de l'Est dont je tairai le nom, nous avons eu un coup franc à dix mètres de nos buts car Bruno Martini avait gardé la balle dans les mains plus de six secondes. C'est dans le règlement mais cela n'était jamais appliqué. J'ai retrouvé cet arbitre deux ans après. Nous jouions dans un pays nordique et, à l'hôtel, Gérard Bourgoin me réveille et me dit : « Viens manger, il y a les quatre arbitres et comme tu parles allemand, tu vas pouvoir causer avec eux, cela peut être utile. » On mange, ils boivent quelques bières et l'un d'eux me dit : « Vous ne me reconnaissez pas ? Je vous ai déjà arbitré. Vous n'aviez aucune chance de gagner. » Quelques minutes après, il me dit : « Mon fils joue gardien de but dans mon village et nous n'avons pas les nouveaux gants modernes, pourriez-vous me donner ceux de votre gardien ? Cela lui ferait très plaisir. » Je lui réponds : « Oui, mais moi aussi j'ai un problème. L'un de mes deux meilleurs joueurs a deux cartons et au prochain il sera suspendu. Ne lui mettez pas un carton immérité. » Sa seule réponse a été : « Aucun problème. » C'est l'exemple d'un petit échange de bons procédés, mais cela n'a jamais été au-delà. J'ai eu d'autres moments avec des preuves, lors de grands matchs, que je ne peux malheureusement raconter. Notamment une fois, en fin de carrière, mais je ne voulais pas que mon nom soit à jamais associé à une affaire de ce genre. Je n'ai pas pris la bonne décision ce jour-là...

Dans la mémoire collective, ma principale « affaire » avec un arbitre a eu lieu lors du fameux match contre le Borussia Dortmund, en quart de finale aller de la Ligue des champions 1996-1997, quand M. José María García-Aranda a refusé un but de Lilian Laslandes pour une supposée faute lors d'un retourné acrobatique. J'ai la conviction profonde que cet arbitre espagnol avait sciemment invalidé ce but et qu'il ne l'aurait pas fait si cela avait été dans le but adverse. Pourquoi ? Je n'en sais rien... Peut-être a-t-il été influencé par le fait d'être sur le terrain de l'équipe qui dominait beaucoup. Je ne veux pas l'accuser de corruption mais j'ai la conviction profonde qu'il s'agissait d'une injustice et que l'arbitre, en revoyant les images, le pense aussi. D'accord le pied est à hauteur de la tête, mais à plus d'un mètre d'écart. Quelques semaines après je suis allé voir la finale entre Dortmund et la Juventus Turin (3-1) et cet arbitre était également invité, placé quelques gradins en dessous du mien. Il est monté pour me saluer mais je n'ai jamais sorti la main de ma poche, faisant mine de ne pas le reconnaître. C'était ma petite revanche.

Au match retour, le capitaine allemand, Matthias Sammer, parlait constamment avec l'arbitre autrichien, M. Günter Benkö. Lors de la conférence de presse d'après-match, j'ai dit : « On ne devrait jamais désigner d'arbitre autrichien pour une équipe allemande. Ils ont un trop long passé commun et des héros communs. » J'ai senti l'assistance se glacer. Ils pensaient tous à Hitler, mais j'ai dit que je venais de faire référence à Mozart. La Fédération française de football m'a demandé de présenter mes excuses alors j'ai cherché dans mes livres d'histoire et trouvé une photo de l'*Anschluss* et d'Hitler entrant dans Vienne en saluant la foule en délire. J'ai photocopié cette image ainsi que les résultats du vote de l'*Anschluss* et je les ai accompagnés d'un mot disant : « Avec mes excuses. » Le secrétaire de la Fédération m'a téléphoné pour me demander si je voulais déclencher une Troisième Guerre mondiale et il n'a même pas renvoyé ma lettre aux différents ministères. En même temps, il faut bien se défendre. Lorsque j'étais le petit gars de quarante ans qui débutait, que personne en France ne savait où se situait Auxerre, chaque décision un peu limite était toujours à mon désavantage. À la fin, même en Coupe d'Europe, j'étais respecté et je n'avais pas trop de décisions défavorables. J'avais un carnet dans lequel je notais tout et si l'arbitre avait fait une erreur et qu'il revenait nous arbitrer, je ne manquais pas de lui rappeler. Cela ne m'a pas permis d'obtenir des penalties de compensation, mais au moins je n'en ai pas eu d'inexistants sifflés contre moi.

Il y a également eu le « problème Marseille ». Je suis allé plus de vingt fois jouer au stade Vélodrome mais pendant une période est apparue une épidémie, voire une pandémie, car cela se produisait aussi à l'étranger : il y avait très souvent des penalties en faveur de l'OM. Cela sautait aux yeux, c'était même écrit dès le lundi dans *L'Équipe* que ces penalties n'étaient pas justifiés. Une fois, un penalty est sifflé contre nous alors que le joueur marseillais plonge sans être touché et Bruno Martini stoppe ce penalty. Quelques minutes plus tard, même action et encore penalty… mais Martini l'arrête à nouveau ! Là je suis sorti de mon banc de touche, qui est un peu enterré à Marseille, et j'ai crié « Encore un ! Encore un ! ». Une autre fois, je pense qu'il y avait 0-0 lors d'un match très important pour le classement final, des joueurs de Marseille réclament un penalty pour eux et Pascal Vahirua en profite pour partir en contre-attaque. Un joueur de l'OM décide alors de plaquer l'arbitre au sol, l'obligeant à siffler. Il ordonne alors un coup franc en notre faveur, ce qui m'a fait dire qu'il avait inventé la loi 18 du football. On était alors dans la dernière minute de jeu donc j'ai hurlé à mon joueur qui tirait le coup franc de mettre le ballon en touche pour que l'arbitre siffle la fin du match. Et bizarrement, je crois qu'il n'est jamais retourné arbitrer à Marseille. C'était vraiment une épidémie : on ne sait pas comment elle est venue ni comment elle est repartie. Un vaccin a dû être inventé puisqu'elle a disparu…

Robert Wurtz : « C'était du Guy Roux ! »

Arbitre français le plus réputé dans les années 1970 et 1980, Robert Wurtz était également connu pour sa gestuelle originale et son humour. Deux qualités, conjuguées à la repartie de Guy Roux, qui ont donné lieu à une scène restée dans les mémoires un soir de PSG-Auxerre en novembre 1989.

Au cours de votre carrière, vous avez plusieurs fois arbitré l'AJA de Guy Roux. Quels souvenirs en gardez-vous ?

Comment évoquer Guy Roux sans revenir sur la scène où nous avons fini à genoux tous les deux au Parc des Princes ? Le match se déroulait tout à fait normalement, lors d'une soirée un peu humide, mais au début de la seconde période Guy Roux se levait beaucoup et se baladait un peu devant son banc, ce qui énervait le public. J'ai vite compris que le ton montait un peu, alors que jusqu'à présent, il ne se passait pas grand-chose, et je me suis demandé quelle était la meilleure façon de régler cette petite affaire. J'aurais pu aller vers lui pour le réprimander mais je savais que cela aurait le don de l'énerver et de mettre le bazar encore un peu plus. Tout en arbitrant, je me posais donc la question de savoir comment gérer la situation. Et puis à un moment, lors d'un arrêt de jeu au milieu de terrain, j'ai couru vers Guy Roux et je me suis laissé glisser sur les genoux, comme les joueurs font aujourd'hui lorsqu'ils marquent un but. J'étais donc presque un précurseur… Et j'arrive devant lui en l'implorant, les mains jointes comme pour faire une prière, afin de lui demander qu'il s'assoie. Il fait alors un ou deux pas vers son banc, comme s'il allait s'asseoir, mais il a cette fantastique idée de revenir sur ses pas et de s'agenouiller devant moi. Résultat des courses, au lieu de le siffler le public a applaudi la scène et la dernière demi-heure du match j'ai pu me friser les moustaches (que je n'avais pas) car l'affaire était réglée. Cette petite indiscipline qu'il avait montrée, nous l'avons réglée sur le mode humoristique et cela a fait du bien au match.

C'est un moment devenu mythique dans l'histoire du football français…

Oui, à ce propos il y a quelques années Guy Roux était invité à une réception organisée par le club de football d'Haguenau et l'on m'a convié aussi. C'était l'occasion de le revoir. Une centaine de personnes l'attendaient dans la salle et lorsqu'il s'est approché de moi, je me suis laissé tomber à genoux sur le parquet. Il s'est mis à rire mais est resté debout car il m'a alors avoué : « Si je fais comme vous, je n'arriverai plus à me relever. » Naturellement, la photo de moi à genoux et Guy Roux se penchant pour me serrer la main a été reprise dans la presse régionale.

Était-ce simple pour un arbitre d'avoir Guy Roux sur le bord du terrain ?

J'ai appris à connaître Guy Roux lorsqu'Auxerre était en deuxième division. Il s'occupait d'absolument tout. C'est lui qui vous apportait le ballon pour vous demander par exemple si vous le trouviez assez gonflé. Il fallait compter avec lui, mais avec de la diplomatie cela se passait très bien. Un soir j'arbitrais à Auxerre, accompagné de mes deux juges de touche habituels, et l'un d'eux a refusé un but de l'AJA pour un hors-jeu limite et le match s'est terminé sur un nul. Après la rencontre nous mangions, comme toujours, dans un petit restaurant en ville. Guy Roux faisait toujours un petit passage pour s'assurer que le repas était bon, de manière très conviviale, mais nous parlions toujours un petit peu du match. Mais le lendemain, il m'a téléphoné à la maison pour me demander si le retour pendant la nuit s'était bien passé et me dire qu'il avait revu l'action et que mon juge de touche « lui devait un point », car à l'époque la victoire valait seulement deux points. C'était du Guy Roux, toujours fait avec classe et sans histoire. Il fallait quand même une part de psychologie de la part de l'arbitre parce qu'il ne fallait pas se le mettre à dos, sous peine de passer un très mauvais match.

On sent chez vous un profond respect pour lui…

Après ma carrière d'arbitre, j'ai notamment été en charge des relations publiques d'une marque de sport qui commercialisait des gants de gardien. Cela m'a donc amené à revoir Guy Roux et un jour que je devais aller voir les gardiens de l'AJA, il m'a donné rendez-vous un matin pour participer à un entraînement. J'ai donc suivi toute la séance et il m'a même fait faire des sprints en forêt avec Enzo Scifo, dont je ne soupçonnais pas une telle vitesse de course. J'ai pu voir son bureau et j'en parlais encore récemment à mon épouse, car il avait accroché au mur une vieille carte de France, avec les régions et les rivières, comme il y en avait dans les livres de géographie de mon enfance. C'était Guy Roux, proche de la terre. Il y a des personnages que je n'oublierai jamais, comme Rolland Courbis, Luis Fernandez, Louis Nicollin et d'autres. Naturellement, Guy Roux fait partie de ceux-là. J'ai appris à connaître les hommes, dans les bons comme dans les mauvais moments, et c'est ce qui a fait le charme de mes années d'arbitrage.

Les médias, mon autre vie

La tradition veut que les entraîneurs profitent de leurs périodes d'inactivités entre deux clubs ou de leur retraite pour enfiler le costume de consultant. Mais comme je fais rarement les choses comme tout le monde, j'ai cumulé mon métier de coach et celui d'expert auprès de différents médias à partir de 1984. Aujourd'hui encore, je fais partie de l'équipe des consultants d'Europe 1, radio à laquelle je suis resté fidèle. Il faut dire que le monde des médias m'a très vite attiré.

À mes débuts d'entraîneur à Auxerre, mes relations avec la presse étaient très simples. Il y avait simplement *L'Yonne Républicaine*, qui tirait à 50 000 exemplaires, ce qui est beaucoup dans un département de 300 000 habitants. C'était un journal d'avant la guerre qui s'appelait *Le Bourguignon*, mais la loi de 1945 sur la presse a spolié son propriétaire et c'est devenu une coopérative ouvrière, avec un conseil d'administration composé de résistants. J'avais déjà été cité dans ce journal car j'avais joué trois ans dans l'équipe première pendant que j'étais au lycée et j'avais terminé deuxième du classement du meilleur footballeur. À cette époque, ce sont les seules fois où l'on a parlé de moi. Mais une fois devenu entraîneur, je tenais absolument à ce que l'on parle du club. La tradition était que la veille du match, *L'Yonne Républicaine* donne la composition d'équipe et que le lundi ils fassent un rapport. La page était partagée en quatre, entre l'AJA, le Stade Auxerrois, Sens et Avallon, mais je trouvais qu'on ne parlait pas assez de nous. Mon objectif était de faire venir du monde au stade, qui comptait une tribune de 200 places, contre 18 000 aujourd'hui.

Je suis donc allé voir le directeur de *L'Yonne Républicaine*, qui était un ouvrier du livre élu par ses collègues et qui s'appelait Louis Clément. C'était un ouvrier typographique qui a travaillé, qui a pris des cours et qui est devenu un remarquable président pendant une dizaine d'années, veillant à la prospérité du journal. J'ai dit à M. Clément qu'il serait judicieux de faire un article supplémentaire en milieu de semaine pour intéresser les gens mais, faute de personnel, il m'a répondu : « Si vous voulez un article, vous n'avez qu'à le faire vous-même. » Je l'ai pris au mot, si j'ose dire. Donc le mardi j'allais à la rédaction, je m'asseyais au milieu des journalistes, qui me donnaient du papier, et j'écrivais deux feuillets. Je parlais à la troisième personne de mon équipe et de moi, l'entraîneur. Évidemment, même si les articles n'étaient pas signés, je ne disais jamais que j'étais excellent, mais je ne disais pas non plus que j'étais mauvais. J'ai fait ça pendant une petite dizaine d'années. Il était convenu que je ne portais pas de jugement de valeur sur le match et que je ne concurrençais pas les deux journalistes qui s'occupaient du compte-rendu. Je supportais donc leurs critiques, même si je les trouvais parfois excessives. Mais j'ai compris le principe de mes relations avec les journalistes à ce moment-là. S'il y a un acharnement, on peut discuter, mais les jugements sur le jeu, les joueurs, la tactique, les choix de l'entraîneur, c'est sacré. Il s'agit à mes yeux de la garantie de l'existence du jugement. Mes dirigeants auraient parfois aimé que je fasse pression quand on se faisait un peu saquer. Le journal vivait avec la publicité des commerçants d'Auxerre, des dirigeants ou des supporters, donc nous aurions pu, par le biais de la publicité, faire pression sur la rédaction pour avoir de meilleurs papiers. Mais si quand on jouait mal ils disaient qu'on jouait bien, que diraient-ils quand on jouerait très bien ? Ça aurait enlevé cette valeur du jugement. J'étais parfois mécontent quand ils étaient durs avec mon équipe ou un joueur, mais je me défendais toujours discrètement. À cette époque, en Division d'Honneur, qui était alors la quatrième division, une année sur deux j'avais aussi dans *France Football* une demi-page avec photo, que je partageais avec mon homologue du Stade Auxerrois. Quelques médias m'appelaient, mais uniquement les journaux régionaux de la Nièvre, de Saône-et-Loire ou de Côte-d'Or. Et quand il y a eu les radios locales dans les années 1970, elles se sont intéressées au foot et j'ai été assez sollicité par téléphone pour donner la composition d'équipe ou un commentaire du match. Et puis il y a eu la naissance de la télévision…

J'ai vu la télévision pour la première fois dans les années 1950. Il y avait eu des expérimentations pour la première finale de Coupe d'Europe entre Reims et le Real Madrid, avec Kopa et Di Stéfano, mais pas en direct. Nous étions agglutinés, tous les gamins, devant la vitrine d'un marchand de télévisions. C'est là que j'ai découvert la télé et ça m'a intéressé. Puis en 1958, il y a eu la Coupe du monde en Suède. Il n'y avait pas de direct mais des résumés. J'étais pion à Montmorillon et je suis allé en scooter à Bellac, à une quarantaine de kilomètres. Je suis monté sur la colline et j'ai repéré une maison avec un râteau sur le toit. J'y suis descendu, c'était chez le pharmacien, et c'est comme ça que j'ai assisté à la Coupe du monde 1958. En 1960, j'étais pion à Limoges et il y avait eu les années précédentes les discours du Général de Gaulle, qui sont devenus célèbres. Et c'est peut-être un peu orgueilleux, mais j'ai vu tout de suite qu'il fallait parler à la télévision si on voulait réussir quelque chose et devenir quelqu'un, devenir célèbre. De Gaulle, avec la télévision, a gouverné la France. Il a emmené le pays derrière lui et vers la politique qu'il souhaitait. J'avais donc profondément l'idée qu'il fallait que j'aille à la télé. J'ai alors suivi un séminaire d'art oratoire pendant sept jours, organisé par la jeune chambre économique dont j'étais membre. Le professeur, qui était Alsacien, nous a appris à parler lors d'une conférence et où porter le regard. Pour parler à une foule, il faut surtout regarder le dernier rang et ce professeur alsacien nous a donné un conseil dont je me suis toujours souvenu : « Il faut parler aux gens qui sont de l'autre côté du Rhin. » Une autre leçon que j'ai retenue, c'est qu'il faut avoir toute la salle dans les yeux, du premier au dernier rang, et éviter de se fixer sur la plus jolie femme en haut à gauche, car tout le monde le remarque. Si vous ne tenez plus les gens avec votre regard, vous ne les tenez plus du tout. Je suis aussi allé à Bobino écouter Brassens, Ferré, Brel, Barbara et d'autres. Je suis allé au cabaret de Laroche-Migennes écouter Édith Piaf, qui venait tous les ans, ou Jacques Brel avec lequel j'ai passé une soirée jusqu'au petit matin à discuter de tout ça, des rapports entre celui qu'on regarde et ceux qui regardent. Que cela soit des opinions ou une chanson, ce sont les mêmes techniques.

Et puis j'ai saisi toutes les occasions d'aller parler à des supporters, qui étaient peu nombreux au début. La première année, nous avions 330 spectateurs de moyenne. Après dix ans, en 1970, on a fait 700 spectateurs de moyenne, et la première année en CFA, avec l'éclairage, on est passé à 1 000. Quand on est montés en deuxième division, nous étions entre 5 000 et 7 000 de moyenne. Puis entre 1980 et 2005, en première division, on est montés à 12 000, avec des pics à 22 000 lors des très grands matchs contre le PSG, l'OM, Dortmund, l'Ajax Amsterdam... Il a fallu aller les chercher ces 22 000, dont certains faisaient 400 kilomètres pour venir au stade. Et derrière tout cela, il y avait mes grands efforts de communication, dont certains assez bizarres. Dans un département très rural, il fallait par exemple que j'aille voir les gens, et une année Gérard Bourgoin m'avait fait faire un film de huit minutes avec une équipe de cinéma professionnelle. Bourgoin, qui vendait des volailles, a donc fait organiser par un ancien résistant du coin des rassemblements dans les chefs-lieux de canton de l'Yonne et des départements voisins, avec une lettre envoyée à tous les maires, les conseillers généraux et les présidents de club sportifs. Le programme était : visionnage du film, conférence de Guy Roux sur le développement du club, puis un repas froid poulet-chips grâce au camion frigorifique de Bourgoin, un fromage, une tarte et un verre de chablis ou d'irancy. Tout ça gratuitement ! Nous avons fait des assistances de l'ordre de 200 à 400 personnes, dans les cinémas de Tonnerre, Gien, Châtillon-sur-Seine... Je rentrais à trois heures du matin chaque fois et le lendemain je travaillais. Je répondais aux questions pendant trente minutes et ensuite, lors du repas froid, il y avait un moment pathétique, puisque je devais serrer les mains de 300 personnes en train de manger du poulet avec les doigts. Il m'aurait fallu des crampons longs tellement ça glissait. Mais on comptait le nombre de spectateurs en organisant des tombolas, où chacun prenait un ticket. Au total, sur deux ans j'ai rencontré 8 000 personnes. Il ne fallait donc pas s'étonner, quand j'étais à l'échauffement, que les gars auxquels j'avais serré les mains comme à des amis m'interpellent en me disant : « Oh, Guy, pourquoi tu ne mets pas ce joueur-là ? » Mais cette énorme sympathie m'a beaucoup aidé l'année où j'étais en difficulté, en 1999-2000, où partout ailleurs j'aurais dû être viré.

Quand il y a eu les matchs à la télévision, j'ai tout de suite bien accueilli les chaînes locales. Et quand est arrivée la télévision nationale, évidemment je m'y suis beaucoup intéressé. J'avais même déjà noué des amitiés dans ce milieu. J'allais à tous les grands matchs que je pouvais à Paris et je m'arrangeais pour fréquenter les endroits où se réunissait la presse. Le premier match international auquel j'ai assisté était France-Yougoslavie, le 11 novembre 1955 à Colombes. J'étais à côté de Georges Briquet, un célèbre commentateur de radio. On a d'ailleurs dit plus tard que Thierry Roland était le « Georges Briquet moderne ». J'écoutais déjà ses commentaires des matchs de l'équipe de France avec la TSF de mon grand-père ou celle de mes copains, qui la mettaient à fond pour que nous puissions entendre le match en jouant au foot dehors. J'ai pu lui parler et il m'avait dit après le match : « À la radio, il ne faut jamais arrêter de parler. » Mais il ne m'avait pas dit qu'à la télé il fallait parfois savoir se taire… et je l'ai constaté plus tard. Ça m'a servi car ensuite j'ai fait de la radio. À Limoges, au syndicat des étudiants, j'avais d'ailleurs créé *La voix des étudiants*, une petite émission dans laquelle je parlais une fois par mois de ce que je voulais.

Puis pendant les années 1960 et 1970, j'allais voir les matchs au volant de ma 4CV, de ma Simca 1000 ou ma Simca 1100, au gré de mon évolution (je n'ai jamais eu de Rolls-Royce). J'allais au restaurant où allaient les journalistes et c'est comme ça que je suis devenu copain des journalistes de *Miroir-Sprint*, qui étaient en concurrence avec les journalistes de *L'Équipe*. Je parlais de foot avec eux et cela m'enrichissait aussi en tant qu'entraîneur car nous discutions beaucoup des matchs et de tactique. En 1967, j'avais décidé d'aider Jean-Pierre Soisson à se présenter aux législatives et pour cela j'ai organisé un match entre les anciens joueurs d'Auxerre et l'ORTF. Ces journalistes, je les ai invités en leur parlant de saint-bris, d'irancy et de chablis. Leur équipe était emmenée par Thierry Roland, l'animateur du groupe, avec un numéro dix de vingt-cinq ans qui s'appelait Michel Drucker. J'ai arbitré ce match et j'ai ainsi commencé à être connu dans ce milieu. Le match et la soirée se sont tellement bien passés que Thierry Roland, qui était venu en voiture à bord de sa MG décapotable alors que nous étions en hiver, avait « préféré » se coucher de bonne heure. Le lendemain, il ne s'était pas réveillé tôt et il devait commenter un match à Reims. À ce moment-là, la radio faisait ce qu'on appelait du « but à but » sur tous les stades de première division. Il est donc parti avec sa MG sur le verglas et, dans l'Aube, il s'est retrouvé dans un champ. Des gens sont venus le sortir avec un tracteur, mais il est arrivé au stade pendant le match. Son casque l'attendait, il l'a mis rapidement et Reims, très sympa, a alors marqué un but. Il a eu l'antenne tout de suite et a pu annoncer le but. Je suis resté ami avec lui jusqu'au bout…

En 1984, j'ai été embauché par TF1, non pas pour commenter mais pour faire des sujets durant l'Euro que la France a finalement remporté. C'est dire que j'ai commencé en bas de l'échelle, mais ils m'ont très bien guidé. Nous revenions des matchs qui avaient lieu dans toute la France, en avion ou en train, et je filais à TF1 pour rendre mon sujet, préalablement discuté avec eux. Les sujets pouvaient être par exemple, lors d'un match de la Belgique : « Un jeune prodige belge nommé Enzo Scifo ». Ou encore « les tacles allemands » et « le jeu de débordement des Danois », et je disais donc à mon cadreur de filmer les actions voulues. Mon mérite n'était pas grand, je faisais simplement le choix du sujet.

En 1986, j'étais au Mexique pour couvrir la Coupe du monde en tant que consultant pour *France Football*, dans lequel j'écrivais une chronique hebdomadaire. C'est d'ailleurs là que j'ai fait la connaissance des frères Dassler, les patrons d'Adidas, ce qui m'a servi par la suite pour avoir un sponsoring à l'AJA. En 1988, l'année où on a transféré Cantona, j'étais fatigué. Aujourd'hui on appellerait presque ça un burn-out. Je suis donc allé en vacances et j'ai été invité par Stéphane Collaro au mariage d'Eddie Barclay et d'une jeune fille de vingt ans. Et je suis parti avec eux en vacances au Maroc. C'est la seule compétition que j'ai manquée jusqu'à aujourd'hui.

J'ai ensuite couvert la Coupe du monde 1990 pour TF1. En me rendant en Italie avec toute l'équipe de journalistes, j'ai d'ailleurs fait une rencontre aussi impromptue que marquante dans l'avion. J'étais assis le long du couloir, à côté d'un monsieur en train de lire le journal. Je ne prête pas attention à lui et d'un coup il plie son journal… c'était Charles Aznavour ! Je lui ai dit que je ne voulais pas le déranger mais que je ne pouvais pas non plus ne pas le saluer, car je l'aime beaucoup. Je me présente et lui dis que je me rends à la Coupe du monde. Il m'explique alors qu'il va faire une soirée française à Rome, dont tous les bénéfices iront à l'Arménie, son pays d'origine qui avait été frappé par un terrible tremblement de terre. Il m'a invité à cette soirée et nous avons parlé très librement pendant toute la durée du voyage. Dans ce vol se trouvait également le PDG d'Air France qui, lorsqu'il est venu saluer Aznavour, a eu droit à quelques critiques de notre part concernant la qualité du repas servi un peu plus tôt. J'ai honoré l'invitation de ce grand chanteur et me suis rendu à ce cocktail, où était présent le monde de la musique de Rome, pour ma première soirée en Italie avant la Coupe du monde.

Cette Coupe du monde s'est déroulée pour nous dans des conditions extraordinaires. C'était le bon temps de la télévision, où l'on comptait moins l'argent. TF1 diffusait deux matchs par jour : l'affiche principale était commentée par le duo Thierry Roland – Jean-Michel Larqué, le second par Frédéric Jaillant, un grand professionnel, et moi. Il y avait aussi avec nous Pascal Praud, alors tout gamin. J'avais auparavant assisté à deux ou trois matchs assis à côté de Roland et Larqué pour prendre des notes. Mais lors du premier match, j'étais tellement enthousiaste que j'ai complètement « bouffé » Jaillant, je ne lui ai pas laissé une miette. Le soir, Dassier m'a donc fait une remarque et lors du match suivant, j'ai fait tellement attention que je n'ai pas démarré. Je ne parlais pas ! Dassier, qui était alors relié avec nous par radio, a alors lâché : « Il est où Guy Roux, à la buvette ? » C'est là que ma carrière de consultant a vraiment commencé. Pour nous permettre de nous rendre aux différents matchs, la chaîne avait loué un jet privé qui nous déposait dans chaque ville où les matchs avaient lieu puis revenait nous ramasser le soir. Nous rentrions le soir à l'hôtel Parigi, un quatre étoiles, pour une réunion aux alentours de minuit afin de faire le point sur la journée. Dassier était un vrai directeur, qui voulait proposer un très bon produit. Nous étions d'ailleurs habillés par la chaîne, et c'est la première fois de ma vie que j'ai porté une chemise rose. J'ai commenté la demi-finale mythique entre l'Argentine et l'Italie, à Naples. Après le match je me suis d'ailleurs retrouvé devant les vestiaires, dans le couloir, juste à côté de Diego Maradona, la véritable star de cette rencontre. Je ne lui ai pas parlé à ce moment précis, mais j'ai pu échanger avec lui des années plus tard à Dubaï, où je dirigeais un stage d'entraîneurs à la demande du ministre des Sports local. Maradona entraînait quant à lui un club de Dubaï, et le soir je suis allé voir la séance qu'il animait. J'ai parlé un peu avec lui, avec l'aide d'un interprète.

En 1992, lors de l'Euro en Suède que je couvrais toujours pour TF1, j'ai vu successivement M. Le Lay, le grand patron de la chaîne, et sa femme, qui était une grande nageuse et avec laquelle j'ai traversé un bras de mer, très froide, pour aller sur un grand rocher où beaucoup de monde bronzait. C'est au cours de cet Euro que j'ai également débuté ma carrière à la radio, sur Europe 1, avec Eugène Saccomano, dont il fallait suivre le rythme. Il m'a appris, parfois jusqu'à deux heures du matin, à réaliser des enregistrements et des reportages radiophoniques pour le journal du lendemain matin. Cela se jouait parfois à cinq secondes près, donc cela m'a été très formateur. C'était une compétition intense, nous avons voyagé et commenté tous les jours, comme la compétition suivante, la Coupe du monde 1994 aux États-Unis. Je formais encore un duo avec Frédéric Jaillant, derrière les « titulaires » Thierry Roland et Jean-Michel Larqué, qui devaient avoir chaque fois la meilleure affiche. Mais les États-Unis, c'est très grand. Tantôt vous êtes sur la côte Est, à Boston, New York ou Washington, tantôt vous êtes sur la côte Ouest, à San Francisco ou Los Angeles. Et entre les deux, il y a une nuit d'avion. Nous faisions donc un match à Boston et le lendemain à Los Angeles… ou bien à Dallas où se trouvaient les PC de toutes les télés et où il fallait être tous les dimanches pour participer à *Téléfoot*. J'étais encore jeune et nous ne sortions pas, mais j'étais parfois épuisé de tous ces voyages et de ces nuits passées dans l'avion. La preuve, lors de l'enregistrement d'une de ces émissions, dans les conditions du direct, tout à coup je me fais secouer. Je ronflais pendant l'émission ! C'est resté célèbre à TF1 et je crois que cette image a été diffusée à l'antenne. La seule fois où je me suis un peu égaré exprès, c'est lorsque nous nous trouvions à côté de La Nouvelle-Orléans. J'étais allé écouter du jazz dans des granges.

Un jour que nous commentions un match à Boston, je vois Dominique Le Glou, journaliste à France Télévisions, tout seul. Je lui demande donc pourquoi Raymond Domenech, qui était normalement consultant à ses côtés, n'était pas là. Il me dit : « Raymond est entre les mains de la police. » La Fédération française de football avait acheté des billets pour chaque match et demandait à ses entraîneurs nationaux de les vendre à l'entrée du stade, ce qui était interdit par la loi. Domenech a donc été arrêté mais ils l'ont relâché assez rapidement. Je crois me souvenir que nous nous étions un peu cotisés pour payer la « rançon ». J'ai gardé plusieurs images des États-Unis. Lorsque nous déjeunions, nous étions toujours une dizaine, avec les techniciens, et c'était toujours joyeux. L'attitude de la chaîne favorisait cette bonne ambiance, puisque nous logions toujours dans des hôtels quatre étoiles, nous mangions dans de bons restaurants, nous pouvions prendre du vin… Un jour que nous étions à table dans un restaurant de Boston, je demande à goûter du vin américain, de la Napa Valley, et je discute un peu de chablis avec le serveur, ce qui attire l'attention de nos voisins de la table d'à côté, tous habillés en costume-cravate. La semaine suivante, nous revenons dans le même restaurant, à la même table, et le visage du serveur me dit quelque chose. Il parle de vin avec nous et lorsque nous étions un peu plus familiers, je lui dis qu'il me semble l'avoir déjà vu la semaine précédente mais pas en tant que serveur. Il me répond : « Non je n'étais pas serveur, j'étais ingénieur et je mangeais à la table d'à côté. Mais j'ai été licencié et comme il n'y a pas d'indemnités de chômage et qu'avec la Coupe du monde l'hôtellerie embauche, me voilà serveur ! » Il n'était pas passé par Pôle emploi car là-bas il n'y en a pas. Une autre chose qui m'avait frappé, c'était la présence du téléphone dans les avions. Très pratique, mais très cher ! J'avais réglé grâce à cela des transferts avec Gérard

Bourgoin, mais on avait « bouffé la ferme » tellement ça coûtait cher. C'est la seule fois de ma vie que j'ai vu ça. J'ai également assisté à un match que je ne commentais et j'étais assis dans les travées, parmi les invités. Il y avait proche de moi un monsieur avec deux enfants et deux ou trois « balèzes » autour. C'était George Bush, le père, assis à deux rangs de moi. Il était dans la foule, parmi les invités.

L'Euro 1996 en Angleterre m'a permis de connaître Hervé Mathoux, un très bon journaliste. L'Angleterre est un pays où je me plais bien. Le seul danger est de traverser une rue. Il y a ceux qui n'en ont jamais traversé, et puis il y a ceux qui sont enterrés là-bas. Mais l'un des points d'orgue de ma carrière de consultant est bien sûr la Coupe du monde 1998 en France, qui avait été précédée d'une visite d'Aimé Jacquet à Auxerre. Les mois précédents ce Mondial, le journal *L'Équipe* était féroce avec lui, notamment Gérard Ejnès et Jérôme Bureau. Ces deux journalistes m'avaient suivi depuis le début de ma carrière et j'avais de la considération pour eux, moi qui suis un lecteur quotidien de ce journal depuis l'âge de douze ans. Mais ils saquaient vraiment Jacquet et puis un jour ça m'a titillé, je les ai invités tous les deux en leur disant : « Écoutez, ça fait plus d'une dizaine d'années que vous parlez de moi, vous êtes sympathiques, je vous invite à dîner. » Je suis allé les chercher à la sortie de l'autoroute et je les ai emmenés dans le restaurant trois étoiles de M. Meneau, dans l'Avalonnais, à une cinquantaine de kilomètres d'Auxerre. Nous avions fait faire une énorme poularde, accompagnée d'un très bon bourgogne, et j'ai essayé de les ramener à la raison au sujet du sélectionneur. Ça m'a coûté 2000 francs… et je n'ai pas atteint mon objectif.

À cette époque, j'étais membre du Conseil d'administration de la Ligue nationale de football et Noël Le Graët était mon voisin de droite. Nous étions donc ensemble une journée par mois et assez proches. Un jour de printemps, il m'appelle et me dit : « Guy, Aimé Jacquet va venir samedi à Auxerre pour voir le match, pouvez-vous dîner avec lui et lui remonter le moral ? Il est près d'abandonner. » Je réponds favorablement, avec grand plaisir, mais il me dit qu'il faudra insister parce qu'il ne voudra pas. Le Graët ne voulait pas prévenir Jacquet pour ne pas qu'il sente le coup monté. Avant le match, Jacquet, poli et gentil, vient dans le vestiaire me dire bonjour et je l'invite à dîner. Il refuse. J'emploie donc les grands moyens : « On a un chablis extraordinaire, tu n'auras jamais bu ça de ta vie. Ils te tapent tous dessus, là tu seras dans un milieu très sympa avec moi, mon adjoint Dominique Cuperly et mon fils, ça va te réchauffer le cœur. » Il finit par accepter d'aller au restaurant et il goûte du chablis comme prévu. Il était venu voir Bernard Diomède mais ce jour-là Stéphane Guivarc'h avait marqué un ou deux buts. Il me dit donc à table : « Ton Guivarc'h, je le pensais un peu rustre mais finalement… » Je lui ai donc recommandé de le suivre et lui ai conté une anecdote pour lui prouver que c'était un mec en or. J'avais deux avants-centres, Stéphane Guivarc'h et Lilian Laslandes, et nous allions jouer à Bordeaux, d'où est originaire le second. Devant ses amis et sa famille, j'aligne donc Laslandes titulaire mais il ne joue pas très bien. On rentre à 1 heure du matin en avion à Auxerre et à 7 heures, un membre du club passe chercher Guivarc'h, déjà prêt, pour le faire monter en voiture direction Schiltigheim, à plus de 500 kilomètres, où l'équipe réserve de l'AJA jouait un match. Guivarc'h arrive pour le repas, joue et met deux buts. Je remets donc Guivarc'h titulaire dans l'équipe première les matchs suivants et il a beaucoup plu à Jacquet et terminé champion du monde. Aimé Jacquet n'a rien oublié de ces moments. Dans la nuit qui a suivi la victoire en finale de la Coupe du monde, je faisais équipe avec Roger Zabel et nous devions réaliser les interviews. Aimé était au rendez-vous mais à la question de Zabel de savoir s'il pardonnerait aux journalistes qui l'avaient malmené, il a répondu fermement : « Jamais. » Il a été tellement meurtri qu'il a fait ce qu'on appellerait aujourd'hui un burn-out. L'été suivant j'étais en stage à Annecy, j'ai voulu lui rendre visite mais les gens du village où il habitait m'ont dit que ce n'était pas la peine car il se reposait.

Juste après la finale de la Coupe du monde, je devais rejoindre Eugène Saccomano, qui se trouvait dans un restaurant porte Dauphine, et Europe 1 avait gardé l'antenne toute la nuit. Le périphérique était devenu un immense parking, il y avait un million de personnes sur les Champs-Élysées, on aurait cru que le Général de Gaulle allait les redescendre une fois de plus. J'ai donc fini la nuit avec Zabel et Saccomano, nous avons pris le petit déjeuner ensemble et puis je suis rentré à Auxerre vers 10 heures du matin. Une victoire en Coupe du monde, ça mérite quand même une nuit blanche ! J'étais invité à la réception le lendemain à l'Élysée, mais je n'y suis pas allé car il fallait quand même que je m'occupe de l'AJ Auxerre.

En 2005, après avoir annoncé que je quittais mon poste d'entraîneur de l'AJA, j'ai réussi à rompre mon contrat avec TF1 pour rejoindre Canal +, qui possédait les droits de retransmission de la Ligue 1. Si je ne prenais pas cette place à Canal, je n'aurais pas pu continuer à aller dans les stades de l'élite tous les week-ends. Heureusement, je connaissais personnellement M. Le Lay et un jour il m'a convoqué à midi. Et autant vous dire qu'avec lui, mieux valait être là avec un peu d'avance et à midi pile vous entriez dans son bureau. Ça a duré une quinzaine de minutes, le temps pour moi de lui dire que j'avais passé des années formidables à TF1, que je m'étais lié d'amitié avec beaucoup de monde, mais que comme j'arrêtais ma carrière d'entraîneur j'allais énormément m'ennuyer. Canal + m'offrait la même chose que TF1, ce n'était pas une affaire d'argent, mais j'allais commenter un match tous les samedis. Après avoir entendu mes arguments, il m'a donné son accord.

Durant mon parcours d'entraîneur, j'ai toujours vouvoyé les journalistes, sauf les plus jeunes comme Christian Jeanpierre et Hervé Mathoux. Thierry Roland et Jean-Michel Larqué voulaient aussi que je les tutoie. À mes débuts, la télévision était très peu présente, mais les journalistes du groupe *L'Équipe* et ceux du *Parisien* savaient mettre la semelle. J'accusais *Le Parisien* d'être un journal régional au service du Paris Saint-Germain. Ça l'a été. Un jour où nous étions en mise au vert à Chantilly avant la finale de Coupe de France 2003, ils ont écrit dans leur journal que mes joueurs étaient sortis dans la boîte de l'hôtel jusqu'à 5 heures du matin, ce qui faisait évidemment peu plaisir à leurs femmes. Sauf qu'il n'y avait pas de boîte dans l'hôtel... C'était la guerre des boutons, c'était assez infantile. Le combat se faisait « à mains nues » mais je ne me plaignais jamais. Bien que j'aie de solides connexions dans les cercles patronaux et politiques, je ne m'en suis jamais servi contre un journaliste. Et puis je faisais des choses qu'on ne peut plus faire : je pouvais cacher une caméra si l'un de mes joueurs, en rentrant aux vestiaires, mettait une mornifle à un adversaire. Je protégeais mon équipe mais attention, j'étais dans un petit club qui a fait une ascension contre la volonté de tous les grands. Par deux fois j'ai été proche de devenir sélectionneur de l'équipe de France et 90 % des présidents des autres clubs étaient d'accord, comme ça je n'aurais plus été à Auxerre, qui leur piquait une place en Coupe d'Europe.

Mon ami Hervé Mathoux a aussi subi mes foudres. Un jour on joue contre Monaco et William Prunier se montre assez rugueux avec l'avant-centre allemand Jürgen Klinsmann. Mathoux fait alors un sujet télévisé sur toutes les interventions de Prunier. Et au retour, rebelote sauf que cette fois Prunier était passé à côté de son match et Klinsmann avait mis quatre buts. Je me suis donc fâché très fort contre Mathoux, en insinuant qu'il avait été acheté par le Prince de Monaco. Il a souvent raconté cette histoire en disant que je l'avais accusé d'avoir succombé aux charmes de la fiancée de Klinsmann. Après une interview que je n'avais pas autorisée, Pascal Praud a également longtemps eu peur de terminer dans l'étang situé derrière une tribune de l'Abbé-Deschamps et ses collègues journalistes ne se privaient pas pour se moquer de lui à ce sujet.

Cette carrière dans les médias m'a permis de faire de très belles rencontres. Un soir d'Euro 2012, en Ukraine et en Pologne, j'étais à Europe 1 tous les soirs et l'envoyé spécial de la radio était Grégory Schneider, qui faisait un reportage chaque jour pour le journal de 23 heures. Au bout de deux ou trois fois je demande : « Qui c'est celui-là ? Je n'ai jamais entendu des papiers aussi talentueux sur le football, hormis ceux d'Albert Camus. » Depuis je l'ai beaucoup côtoyé à Europe 1 et à La Chaîne L'Équipe et je n'ai pas changé d'avis. C'est un garçon honnête. Il apparaît être de gauche mais je ne lui ai pas demandé. Il a une façon de voir le monde, une envie de justice, une droiture totale qui parfois amène à des erreurs. Des Grégory Schneider, je n'en ai pas rencontré beaucoup dans ma vie. Ni dans le talent ni dans cette manière de voir les choses. En revanche si vous voulez le faire changer d'avis sur quelque chose, c'est dur.

Hervé Mathoux : « Avec Guy, il y a le contenu et la couleur »

Présentateur du *Canal Football Club*, Hervé Mathoux a travaillé avec Guy Roux à TF1 au début des années 1990 puis l'a retrouvé ensuite sur Canal +. Collègue, ennemi puis ami, le journaliste a tout vécu avec l'ancien entraîneur de l'AJ Auxerre et en garde des souvenirs impérissables.

À quand remontent vos premiers souvenirs avec Guy Roux ?

Mes premiers souvenirs de Guy remontent bien avant ma carrière de journaliste. J'étais jeune passionné de foot et pour moi le parcours de l'AJA et la finale de Coupe de France 1979 face à Nantes (1-4 ap) sont un souvenir marquant de ma vie de téléspectateur. Ensuite, paradoxalement, j'ai eu assez peu l'occasion d'aller à Auxerre. Mais la première fois a été la mauvaise, puisque je suis revenu assez enthousiaste de l'Abbé-Deschamps car c'était le foot comme je l'avais connu dans ma jeunesse à Clermont, mais il y a eu l'épisode William Prunier qui a été un coup d'arrêt dans ma cohabitation avec l'AJA pendant plusieurs mois, voire années. Mais entre-temps, j'avais déjà croisé Guy à l'Euro 1992 avec TF1, mais sans que l'on soit particulièrement proches.

Pour un journaliste, côtoyer Guy Roux en tant qu'entraîneur devait être un exercice parfois périlleux...

Avec les journalistes, c'était un mélange de dureté et de bonhomie. Il a toujours aimé les journalistes, leur compagnie, l'atmosphère des rédactions dont il apprécie le côté passionné et joyeux. Sa carrière de consultant le prouve. Quand il était entraîneur, là où il était dur c'est qu'il ne faisait aucun cadeau, aucune concession à ce qu'il estimait être au service du résultat de son équipe. En revanche, c'était un bon client et les journalistes étaient contents d'aller le voir car, si j'ose dire, il nous en donnait pour notre argent. Tendre le micro à Guy Roux, c'est la garantie de ne pas repartir bredouille. Il y a toujours eu cette dualité, que j'ai même constatée une fois que l'on se connaissait beaucoup mieux parce que l'on avait couvert l'Euro 1996 et la Coupe du monde 1998 en duo. Malgré cela, si je l'appelais pour essayer d'organiser un tournage avec l'AJA, il n'y avait pas de cadeau. S'il avait décidé que c'était non, c'était non. Il a toujours eu cette obsession de résultats. Son cap, c'était de faire gagner son club et il ne le perdait jamais. Mais c'était quelqu'un d'agréable compagnie pour les journalistes.

Vous en parliez, votre relation a été marquée par « l'affaire Prunier/Klinsmann », lors de la saison 1992-1993. Comment l'avez-vous vécue en tant que jeune journaliste ?

C'est la première fois de ma carrière que je vais au stade Abbé-Deschamps et on a une caméra isolée sur le duel Klinsmann-Prunier et je suis choqué, peut-être avec mes yeux neufs de journaliste, par le traitement réservé à l'attaquant de Monaco. À la fin, je me dis qu'il faut que j'aie l'honnêteté d'aller voir Prunier, qui me fait une réponse en disant qu'il assume. À mon retour à la rédaction de *Téléfoot*, alors diffusé le dimanche soir, je propose ce thème à ma rédaction en chef, qui me donne le feu vert. Le lendemain, alors que j'étais chez moi dans ma cave, le téléphone sonne, ma compagne répond et me dit : « Il y a Guy Roux qui a appelé. » Très surpris, je rappelle et là je tombe sur Guy totalement hors de lui et qui me vouvoie alors qu'on s'était côtoyés à l'Euro 1992, et qui me dit *grosso modo* que je suis fou et qu'il a été obligé d'arrêter des hordes d'Auxerrois qui voulaient monter à Paris me faire la peau. On avait l'impression qu'il y avait 100 000 personnes qui quittaient l'Yonne pour venir placer ma tête sur une fourche. J'essaie d'argumenter mais il ne décolère pas. Ce n'est pas très grave, mais dans la foulée il répond à plein d'interviews en disant que ce qui a été fait à *Téléfoot* est un scandale, alors que TF1 est la chaîne dont il est consultant. Il sous-entend qu'il s'est renseigné sur moi, que je suis nul, que je ne connais rien au foot, alors qu'encore une fois on avait travaillé ensemble avant. La direction des sports de TF1 est très embêtée car leur consultant vedette est fâché avec un jeune journaliste, donc ils décident courageusement de ne rien dire. Fatalement, les autres journalistes m'appellent et comme je n'ai pas de consignes de ma direction, je me défends, sans faire la guerre. Derrière, Guy annonce que je suis interdit d'entrée à l'Abbé-Deschamps pendant trente ou quarante ans et qu'à cause de moi Prunier ne sera pas appelé en équipe de France, ce qui sera en fait le cas une fois. Finalement, six mois plus tard a lieu le match retour au stade Louis II et Guy remet Prunier au marquage de Klinsmann. Monaco gagne 4-0… grâce à un quadruplé de l'Allemand. Derrière, Prunier sort complètement défait de ce match et convoque la presse dans les couloirs du stade et annonce qu'il arrête sa carrière en France, qu'on a voulu sa peau, qu'un journaliste de TF1 l'a brisé, etc. Guy, qui a finalement convaincu Prunier de ne pas partir, devient fou furieux et lâche : « J'avais interdit Mathoux d'Abbé-Deschamps pour quarante ans, je le suspends pour deux générations ! » On en a beaucoup ri plus tard, notamment lorsque je suis venu avec mon fils voir Auxerre-Real Madrid (0-1) en 2011. J'ai dit à mon fils : « C'est un miracle que tu viennes parce que normalement il n'y a que ton petit-fils qui aurait pu venir si Guy n'avait pas enlevé sa sanction. »

Comment est-il en tant que consultant ?

Guy, c'est de l'analyse et des bons mots. Il y a à la fois le contenu et la couleur. C'est sa force. Il a compris assez vite comment le système médiatique fonctionnait et quel était son personnage pour en jouer, avec ce petit air amusé.

De temps en temps il voyait bien qu'il ressemblait à la caricature qu'on faisait de lui et, loin de se dire qu'il fallait qu'il change, il forçait, en jouait et ça l'amusait. Cela implique son côté radin, économe, obsessionnel qui flique ses joueurs...

Travailler à ses côtés dans les médias doit garantir de belles anecdotes. Lesquelles vous reviennent en mémoire ?

Je me souviens que pendant la Coupe du monde 1998, on arrivait souvent au stade en voiture et se posait alors la question du parking. C'est une Coupe du monde, donc tout est déjà bien prévu, avec des badges et des places réservées en amont et en tant que média puissant comme TF1, nous avions de bons accès. À supposer que le P0 soit le meilleur parking, nous devions être le P2. Sauf que Guy, cela faisait vingt ans que lorsqu'il allait dans ces stades qu'il connaissait bien, à Nantes ou à Lyon, il se mettait toujours au P0. On lui disait, mais il nous répondait : « Quoi, P2 ? Ce n'est pas possible, on ne va pas se mettre si loin, on va aller au P0. » On avait beau lui dire que c'était une Coupe du monde, donc très cadré, et que les deux parkings étaient très proches, il n'en démordait pas. On arrivait donc au P0 avec notre sticker P2, la personne chargée du parking faisait de grands mouvements de bras pour nous dire de faire demi-tour mais il voyait Guy et deux minutes après nous étions en P0. Tout était comme ça. Un jour, nous n'avions plus de voiture en sortant d'un stade, donc je lui dis que nous allons appeler un taxi mais que ce ne sera pas facile puisque 50 000 personnes sortaient en même temps que nous. Il me dit : « Non, ne t'inquiète pas. » Une voiture passe devant nous, il se jette dessus et lâche : « On va à l'aéroport ! Vous pouvez nous emmener ? » Je ne savais plus où me mettre, mais le conducteur a fait de grands yeux en voyant Guy Roux et s'est dit qu'il allait passer quarante minutes superbes. Il a répondu : « Je n'y vais pas du tout, mais OK, montez, je vous y conduis. » C'est la spontanéité de Guy.

Qu'aimeriez-vous lui dire que vous ne lui avez jamais dit ?

Des gens comme lui, hélas, je pense que le foot n'en génèrera plus. Ou plus trop. Sa réussite et son destin sont des choses absolument exceptionnelles. On ne s'en rend plus compte, on l'a presque banalisé. Ce gars qui démarre tout jeune et qui fait monter son équipe de division régionale à une demi-finale de Coupe d'Europe, je ne suis pas sûr que ce destin, avec le football tel qu'il est organisé aujourd'hui, nous soit resservi. C'est quelque chose de fabuleux. Ce qu'il a fait, c'est digne de la légende du foot. Il peut être fier de ce qu'il a fait, même si je pense qu'il n'y a pas besoin de lui dire car il le sait. Ce genre de destin nous manque déjà cruellement.

« Faut pas gâcher »

C'est l'un des paradoxes de ma vie. Moi l'homme de campagne, à la vie simple et au visage buriné par les ans, j'ai été l'un des plus courtisés par les grandes marques françaises pour devenir leur égérie. Bouygues Télécom, La Poste, Citroën, Cristaline... une bonne dizaine d'entreprises ont fait appel à mes « talents » d'acteur pour leurs publicités, certaines oubliées mais d'autres restées dans les mémoires. Ma grande première date de 1996, pour la marque d'engrais Compo Floranide. J'étais chargé de trouver un bon gazon à Auxerre, mais celui de l'AJA était grillé car nous avons tourné en plein été. Je suis donc allé chez mon ami Claude Laguillaumie, qui a une zone de son jardin à l'ombre avec un gazon bien vert. Techniquement, c'était une publicité très bien faite, pour une grande marque comme Bayer, donc elle a été beaucoup diffusée, ce qui m'a servi pour que d'autres marques aient envie de me récupérer.

Mon « chef-d'œuvre » reste sans nul doute le spot tourné au début des années 2000 pour Bouygues Télécom et son forfait Nomad, destiné aux étudiants. C'est Gilles Pélisson, alors directeur général de Bouygues et désormais celui de TF1, qui m'avait démarché. Il me dit que le spot parle de foot et qu'il a besoin que j'affine un peu le scénario sur la partie entraînement. On commence le tournage sur le terrain annexe de l'AJA avec un jeune acteur qui était aussi mannequin, un très beau brun, bien bâti. J'avais pris un joueur du centre de formation qui lui ressemblait pour le doubler car, même s'il a voulu s'y essayer un peu, il fallait savoir faire un ciseau retourné et tirer un coup franc. Je suis aussi allé tourner une scène sur le terrain de mon village d'Appoigny afin que la société de production verse un petit chèque au club, ce qui a permis de faire vivre une équipe de jeunes durant la saison. Deux jours après, nous avons tourné la suite dans les studios d'Aubervilliers. L'acteur m'avait prévenu, photo à l'appui : « Il paraît que je vais tourner avec une Anglaise, c'est un canon, je vais conclure ! » Lorsque je le revois, je lui demande si ça s'est bien passé mais il me répond, dépité : « Non, elle n'a pas voulu... » Dans la publicité, cet acteur qui jouait un footballeur rencontrait la jeune femme dans une soirée chic, la ramenait à son hôtel dans une limousine, dans laquelle ils s'embrassaient chaudement, puis au moment de la rejoindre au lit, il soulevait la couette sous laquelle je l'attendais. Et dans la dernière séquence, pour le punir je lui fais reprendre l'entraînement en pleine nuit sur la place Vendôme. Problème, on devait tourner à 21 heures mais un orage terrible s'est abattu sur Paris, ce qui nous a beaucoup retardés. Comme nous étions en plein été, la chaussée a vite séché mais le metteur en scène voulait que cela reste humide, donc les pompiers ont arrosé la rue. Les policiers bloquaient la circulation pendant des créneaux de dix à quinze minutes, puis nous demandaient de nous en aller pour laisser le trafic se fluidifier. Cela a duré jusqu'à quatre heures du matin. Ensuite, on m'a dit que lorsqu'on terminait un tournage à Paris, il fallait aller en boîte. Donc nous sommes allés dans l'une d'entre elles sur les Champs-Élysées et le patron est venu nous saluer et, s'adressant à moi, m'a lancé : « Asseyez-vous là, c'est habituellement la place d'un de vos joueurs ! »

La marque qui m'a été la plus fidèle, et réciproquement, est sans conteste Cristaline. Un jour je reçois un coup de fil de Pierre Papillaud, le patron de la société qui était encore assez peu connue, qui me dit : « Je t'ai vu dans une pub, ça me plairait bien que tu en fasses une avec nous. Je n'ai pas bien réfléchi aux conditions, je n'ai pas beaucoup d'argent mais je viens te voir. » Il arrive quelques jours plus tard, habillé comme un clown, avec un costume jaune, une chemise rouge et des bretelles vertes. Un personnage incroyable ! Il allait faire un golf avec deux collaborateurs et nous sommes allés manger à Chablis, où il m'a dit : « On te voit partout, il faut que tu travailles avec nous. Pour les conditions, fais-moi confiance. » On n'a rien convenu mais j'ai souvent travaillé comme ça et je ne me suis presque jamais fait avoir. Quand le premier spot est sorti, je n'avais toujours pas été payé. Je l'appelle donc pour l'en informer et là, il me lâche :

« Tu as vu, cela passe sans arrêt à la télé ! Tu as vu la pub qu'on te fait ? » J'ai répondu : « Il faudrait peut-être que je vous paye, non ? » Il aimait beaucoup jouer à ça. J'ai tourné une douzaine de publicités pour lui et je ne savais jamais combien il me paierait ni quand. Cette aventure avec Cristalline m'a, il faut l'avouer, bien rempli le livret A, malgré les précautions de M. Papillaud. Il a bien fait de me faire confiance, mais moi aussi. Il est toujours resté très fidèle et m'a parfois demandé d'organiser des descentes de cave dans les plus hauts lieux du vignoble bourguignon, par exemple à Meursault, lors desquelles il invitait des acheteurs importants pour leur faire déguster des très grands vins pendant plusieurs heures. Tout était soigneusement organisé, on allait en bus de l'hôtel à la cave, puis on allait manger et on revenait dormir, toujours en bus. M. Papillaud est décédé mais ses directeurs continuent de me solliciter. Je ne fais plus de publicités parce que la mode a changé et que je suis moins exposé publiquement, mais j'ai gardé le tour de main pour organiser des événements, donc lorsqu'ils ont des clients importants on va ensemble dans un vignoble.

Avec la Cristaline, Pierre Papillaud a révolutionné le marché de l'eau de source. Il était le fils d'un limonadier normand qui l'a vite mis « au cul du camion » pour lui faire charger et décharger des caisses remplies de boissons devant les bistrots et les épiceries. Il a tiré de tout cela une leçon : l'eau ne coûte rien, il y en a partout, mais ce qui coûte cher c'est son transport. Pour réduire le prix et faire de ses bouteilles les moins chères de France, il a donc régionalisé les eaux, en en trouvant des bonnes un peu partout et en les commercialisant dans un rayon de 200 kilomètres. Il était en plus très ingénieux et ses usines étaient de vrais laboratoires technologiques, d'où sont sorties des inventions comme les bouteilles plus fines et molles pour que l'augmentation du prix du plastique ne se répercute pas sur le prix de l'eau, ou les bouchons clipsables très hermétiques. Son fils a ensuite répété le même procédé aux États-Unis. Le directeur commercial de Cristalline est d'ailleurs devenu un ami et, comme il est dirigeant d'un club du Centre-Ouest, les jeunes de l'AJA vont chaque année disputer un tournoi là-bas.

L'un de mes nombreux spots pour Cristalline s'est déroulé sous la direction de Simon Lelouch, fils de Claude, dans un pavillon en banlieue parisienne. C'était l'un de mes tournages les plus difficiles. Il fallait que je marche le long d'un évier et que je prouve que la Cristaline était meilleure que l'eau du robinet, et il était d'une grande exigence car il avait évidemment été à bonne école. On a recommencé la scène une cinquantaine de fois. En plus, ce jour-là j'avais un petit problème personnel : je n'aime pas beaucoup que l'on me coiffe ou que l'on me maquille, et encore moins si c'est un homme qui le fait. Et là j'arrive, le maquillage est assuré par un homme. J'ai vite réfléchi et je me suis dit que je ne pouvais pas demander à changer, sinon ce maquilleur aurait perdu deux jours de travail. Je lui ai expliqué la situation et ma réticence à ce que l'on me touche le visage, et l'on a passé deux jours très sympathiques, en limitant les retouches maquillages au minimum.

J'ai aussi fait des shootings photo pour une marque d'outillage et cela paraissait ensuite dans des magazines très populaires. Je devais parfois porter une tronçonneuse à bout de bras pendant de longues minutes, jusqu'à ce que le photographe obtienne ce qu'il voulait. En plus, c'était en plein été et la jeune maquilleuse passait son temps à corriger des choses sur mon visage pour qu'il n'y ait aucune ombre ou reflet. À la fin, lorsqu'elle m'a démaquillé, je l'ai remerciée en vantant son professionnalisme, sa gentillesse et sa beauté, rajoutant : « Votre copain a beaucoup de chance. » Elle m'a répondu : « Oui mais il ne le sait pas, il m'a quittée ce matin. » L'année suivante, je la retrouve pour une nouvelle séance photo donc je lui demande de ses nouvelles et elle me dit : « Là j'en ai un, je suis sûre qu'il sera là ce soir. »

Lors de mes périodes intensives de compétition, ces publicités étaient pour moi de vraies récréations, des respirations. J'allais effectuer un tournage d'un ou deux jours à Paris ou ailleurs, pour simplement une minute à l'écran, parfois même moins, mais je prenais beaucoup de plaisir à le faire. J'ai également beaucoup appris et rencontré énormément de gens très sympathiques. Cela m'a aussi montré que c'est un vrai métier, qui m'a amené à faire des choses incroyables. Par exemple pour la marque de vêtements de sport Airness, j'ai fait une séance photo en compagnie de Sylvain Wiltord et… d'une panthère noire ! L'animal était le symbole de la marque et venait d'un grand cirque. Elle était située à quelques centimètres de nous, heureusement que je n'étais pas trop appétissant. Je me suis approché un peu d'elle, elle a levé la patte et commencé à sortir les crocs. Un jour, j'avais été ramené du Stade de France à mon hôtel par le dompteur du cirque Bouglione et j'en avais profité pour lui demander s'il donnait à manger à ses fauves avant la séance, pour qu'ils n'aient pas envie de le croquer. Il m'avait répondu qu'au contraire, il fallait que les animaux aient faim pour pouvoir les faire travailler, et que lui devait toujours être en pleine forme, jamais affaibli, pour les dominer. C'était finalement exactement la même chose que pour un entraîneur de football avec ses joueurs.

J'ai refusé quelques propositions, notamment une pour des services funéraires. C'est Éric Tabarly, le célèbre navigateur disparu en mer d'Irlande en juin 1998, qui avait le contrat avec cette marque. Mais après sa mort, ils m'ont appelé pour le remplacer. C'était très bien payé mais j'ai refusé courtoisement, pour deux raisons. D'abord je ne voulais pas remplacer Tabarly et puis, comme beaucoup de gens, j'ai un rapport très étroit avec la mort à cause de mes proches et je ne pouvais pas rattacher mon nom à une société funéraire. Je ne désapprouve pas le produit, mais j'ai dit non.

Ce que les marques aimaient chez moi, c'est que les gens estimaient que je ne pouvais pas faire la publicité d'un produit de mauvaise qualité. Ils avaient raison. Mais mon image de personnage radin est fausse. Je ne gaspille pas, c'est différent. Honnêtement, quand je suis avec mes copains qui ont un pouvoir d'achat plus bas que le mien, je paye plus souvent mon coup. Tous les deux ans, j'organise un repas dans un bon restaurant de la région avec mes proches de l'AJA et leurs compagnes, ce qui fait une bonne vingtaine de personnes, et je loue un bus pour que tout le monde soit serein pour les trajets. Je n'ai pas changé mon train de vie. Je vais toujours chez de bons artisans, mais je ne boude pas les grandes surfaces pour autant. Je vais dans des endroits où je suis certain de la qualité. Pendant trente ans, je n'ai pas acheté de voiture car les constructeurs m'en prêtaient une pour qu'on me voie avec. Là j'en ai acheté une de marque française, pas une Porsche. Je n'ai d'ailleurs aucune envie de rouler en Porsche et surtout je n'arriverais même pas à rentrer dedans, c'est trop inconfortable. Je ne suis pas riche, je suis un Français aisé. J'ai payé beaucoup d'impôts lorsque j'étais entraîneur et j'en paye désormais un peu moins. Lorsqu'Enzo Scifo jouait à l'AJA, ma maison était sur le circuit des touristes belges qui visitaient Auxerre et, en passant devant, tout le monde pensait qu'il y avait une erreur et que j'habitais en réalité dans un château.

Cette image de grippe-sou qui m'a été donnée ne m'a jamais affecté. Elle a glissé sur moi comme l'eau glisse sur les plumes du canard. Mais il ne faut pas faire d'erreur. Le canard ne doit pas se mettre en face des fusils un jour de chasse. Ça a fait rire et j'en ai joué. Parmi les nombreux sketchs des *Guignols de l'info* dans lesquels je suis apparu, deux sont restés particulièrement célèbres. Dans le premier, je suis avec Thierry Roland, Jean-Michel Larqué et Michel Denisot au restaurant et je fais une crise de panique et tente de fuir au moment où le serveur apporte l'addition. Mais Denisot se saisit de la note, sort sa carte bleue et dit « c'est pour moi », alors je me calme et lance : « Je reprendrais bien un dessert. » Et puis un autre où je suis à table avec mes joueurs à l'auberge des Brizards, en train de manger de la soupe, et Bernard Tapie arrive et choisit deux joueurs comme au marché. Tout cela ne m'a pas du tout affecté et j'ai même protesté pour qu'ils continuent car je suis certain que grâce à ça j'ai pu faire encore plus de publicités. Le plus grand chantre du rapport qualité-prix, c'était devenu moi.

J'essaie aussi d'apporter mon soutien à des œuvres caritatives. Je suis un fidèle soutien de Mécénat Chirurgie Cardiaque Enfants du Monde, une formidable association gérée par Francine Leca, qui permet à des milliers d'enfants du tiers-monde de venir en France pour se faire opérer de malformations cardiaques. Je leur donne surtout de mon temps et j'essaie de participer à un maximum de leurs manifestations, comme « L'étape du cœur » sur le Tour de France. Je milite aussi pour la Ligue contre le cancer. Chaque semaine paraît dans *L'Yonne Républicaine* « L'œil de Guy Roux », une rubrique sur l'actualité sportive que j'écris moi-même. Pour ces 52 chroniques annuelles, le journal verse le montant de mes honoraires à la Ligue contre le cancer. C'est une manière de donner sans sortir d'argent. Je ne sors que de la science et de l'effort et en plus ça me fait du bien intellectuellement. Et surtout, cela fait du bien à des gens qui en ont plus besoin que moi.

Mordu de cyclisme, amoureux du sport

J'ai des souvenirs depuis l'âge de cinq ans. Et d'aussi loin que je me souvienne, j'ai toujours trouvé que le vélo était un objet formidable. Sans doute car j'avais de bonnes notions d'équilibre. Il faut quand même prendre conscience qu'à vélo, nous tenons sur un pneu de trois centimètres de large. Pour moi, c'était magique. J'allais dans la forêt avec mon grand-père et dans un chemin, jeté dans une sablière, se trouvait une carcasse de vélo. Elle me faisait tellement envie… Je voulais de toutes mes forces que mon grand-père la répare, mais c'était impossible, elle était trop rouillée. Mais lors de mes footings en forêt au cours de ma carrière, ou aujourd'hui encore lorsque je fais une promenade, je le vois encore ce vélo. Sa carcasse est partie, mais son image est restée. Dès que j'ai pu, vers six ou sept ans, j'ai tenté de monter sur le vélo de ma mère, sans m'asseoir sur la selle évidemment, en mettant simplement les pieds sur les pédales. Un peu plus tard, toujours sur le vélo de ma mère, je faisais des courses avec mes copains du village. Nous avions d'ailleurs chez nous un champion amateur, que l'on accompagnait dans les courses de villages. C'étaient souvent des parcours de 20 kilomètres, la participation était gratuite et donc je m'engageais dans ces courses réservées aux non-licenciés. Je me souviens d'une course à Bassou où j'ai pris un tour dans la vue, me faisant dépasser par le peloton. Les organisateurs ont voulu m'arrêter, j'ai refusé et j'ai refait un tour, seul. J'étais donc vraiment mordu.

Lorsque j'ai eu mon brevet, mon père m'a payé un vélo, fabriqué par un constructeur local. L'année suivante, ma mère était hospitalisée à Aix-les-Bains et je suis allé la voir en pédalant. Cela fait déjà un sacré périple, que j'ai rallongé en passant par… Marseille. Pourquoi donc descendre jusqu'à Marseille me direz-vous ? Tout simplement parce qu'il y avait les championnats de France scolaires d'athlétisme et que j'avais fait partie de l'équipe lors des phases qualificatives, en courant un 1000 mètres à Dijon. J'avais marqué des points pour l'équipe, mais normalement je n'étais que remplaçant. Sauf que pour la finale, le titulaire, plus fort que moi, était de retour. Il n'y avait donc aucun billet de train qui m'était destiné pour se rendre à Marseille. J'ai donc dit à mon professeur : « J'y vais à vélo. » Ça a fait rire tout le monde, mais j'y suis allé. J'ai mis moins d'une semaine, en m'arrêtant dormir dans des fermes, par exemple dans le Morvan, ou dans des auberges de jeunesse, comme à Vienne, dans l'Isère. Je suis arrivé à Tarascon un matin et l'après-midi, à 15 heures, j'entrais dans le stade Vélodrome et je faisais un tour de piste. Tout cela à seize ans. Le lendemain je suis allé coucher dans une auberge de jeunesse à Cassis et c'est la première fois de ma vie que je me suis baigné dans la mer. En seize ans, je ne l'avais même jamais vue. Il faut dire qu'Auxerre est l'une des villes françaises les plus lointaines de la mer, cela se vérifie avec un simple compas. Je suis ensuite remonté voir ma mère à Aix-les-Bains, j'y suis resté une semaine avant d'aller en Suisse pour étudier l'industrie laitière dans les Préalpes de Fribourg car j'avais remporté un concours et l'on m'avait donné 200 francs. C'est avec cet argent que j'ai pu faire mon périple à vélo. C'était un vélo routier, avec de gros pneus, des sacoches et un dérailleur peu adapté pour les côtes difficiles. J'avais un ami de la famille qui était coureur cycliste dans le Vaucluse et avec lui j'ai grimpé le mont Ventoux en 1955 pour y voir le Tour de France. C'est Louison Bobet qui est passé en tête devant Brancard et le peloton avec Gemigniani, Kübler, Koblet... Tous ces noms sont restés ancrés dans ma tête. J'avais ramassé des journaux que je tendais aux coureurs afin qu'ils les mettent sous leur maillot pour ne pas avoir froid en descente. C'est vous dire si j'étais passionné.

Dans l'Yonne, il y avait un coureur devenu assez célèbre parce qu'il a gagné plusieurs étapes et porté quelques jours le maillot jaune sur le Tour de France, c'est Raymond Riotte. Il était en équipe de France comme équipier d'Anquetil puis de Poulidor et a fait une carrière brillante, puisqu'il a participé à huit Tours de France et un Tour d'Espagne et les a tous finis, sauf un. À cette époque, les équipiers avaient un jour de « congé » par semaine, c'est-à-dire qu'ils ne portaient pas les bidons et pouvaient se mettre dans les échappées pour essayer de gagner l'étape. C'est comme ça qu'il a pris le maillot jaune à Strasbourg et qu'il a gagné une étape en solitaire à Marseille. Il était très malin et savait parfaitement jongler avec les délais d'élimination. Il comptait le nombre de coureurs qu'il fallait dans le gruppetto pour qu'il n'y ait pas d'éliminations, et s'il en manquait un ou deux, il envoyait les motards de la gendarmerie prévenir les coureurs qui avaient trois ou cinq minutes d'avance d'attendre leurs petits camarades. Riotte récompensait plus tard ces motards avec du chablis, puisque son village est situé juste à côté. Un jour, Jacques Godet l'a même convoqué car il était préalablement allé calculer combien de coureurs devaient encore être en course à la sortie des étapes de montagne et les chambres d'hôtel avaient été retenues en conséquence. Mais à cause de Raymond Riotte qui protégeait le peloton des possibles éliminés, il y avait moins de coureurs éliminés que prévu et donc pas assez de chambres...

J'étais mordu de cyclisme comme tous mes copains du village, sans que j'en sache vraiment la cause exacte. Lors de l'été 1947, on se réunissait sur la place du village et le cordonnier, qui était aussi un grand amateur de vélo, avait mis sa TSF dans son échoppe avec la fenêtre ouverte. Nous écoutions et sur un tableau nous inscrivions le classement de l'étape et le classement général. À neuf ans, je calculais les écarts en prenant en compte les heures, les minutes et les secondes. Cette année-là a été marquée par l'échappée de Jean Robic, à Bonsecours en Seine-Maritime, qui a remporté ce Tour de France lors de la dernière étape devant Édouard Fachleitner et Pierre Brambilla. C'est là qu'est née ma passion pour le Tour de France. Deux ans plus tard, pour des raisons familiales j'habitais à Colmar, où le Tour de France passait. J'étais allé à l'entrée de la ville pour apercevoir les coureurs. Une foule énorme avait envahi la route, à tel point que deux coureurs italiens, Milano et Pezzi, des *gregaris* de Coppi, étaient bloqués. Cela m'avait frappé car ils avaient d'abord été éliminés, mais la direction avait ensuite reconnu que la foule les avait bloqués et les avait réintégrés. Trente ou quarante ans après, lors d'une étape de Paris-Nice qui partait d'Auxerre, l'un des directeurs sportifs d'une équipe italienne était ce Pezzi. Je suis donc allé le voir pour lui dire que je l'avais vu faire un kilomètre à pied en 1949 à Colmar. On en a rigolé tous les deux.

Lors de mes premières années d'entraîneur à Auxerre, il y avait des courses cyclistes le lundi et j'allais les suivre dans la voiture du journaliste local qui avait couvert le match de l'AJA la veille. Ensuite, j'ai eu la chance de pouvoir assister à plusieurs étapes du Tour de France, notamment une passant par le col de l'Izoard. J'ai un peu honte, mais je dois avouer que j'ai poussé quelques coureurs pour les aider. Mais les derniers, pas les premiers ! Je les poussais sur la longueur de la ligne droite, je récupérais ensuite dans le virage, puis j'attendais le suivant pour l'aider aussi. Raymond Riotte m'a d'ailleurs expliqué sa technique lorsque quelqu'un comme moi commençait à le pousser. Il lui demandait :

« Comment tu t'appelles ? » Le gars répondait. « Donne-moi ton adresse. » Le gars s'exécutait. « Répète, je n'ai pas bien entendu. » Le gars répétait mais surtout pendant ce temps-là, il poussait. Aujourd'hui ils vont tellement vite, les routes sont tellement bonnes, leur matériel tellement au top, qu'il est très difficile pour les spectateurs de les pousser. Plusieurs marques m'ont invité aussi. La Française des Jeux, dont l'équipe est depuis longtemps dans le peloton, m'a fait suivre une grande étape dans les Pyrénées qui arrivait en Andorre. Le peloton roulait doucement avant l'arrivée dans les cols et j'étais quasiment au milieu des coureurs, pour mon plus grand plaisir. C'est l'une des années où j'avais battu l'Ajax Amsterdam en Coupe d'Europe, alors les coureurs français chambraient les Néerlandais, c'était très sympathique. Nous suivions le leader de la Française des Jeux derrière une échappée de trois coureurs dans laquelle se trouvait Richard Virenque.

Lorsque l'affaire Festina a éclaté en 1998, tout le monde savait que j'étais mordu de vélo et beaucoup de médias m'ont donc demandé mon avis. Je me suis alors élevé contre Mme Buffet, la ministre des Sports, qui s'en était bruyamment mêlée. J'avais défendu les coureurs dans les médias car si j'étais pour une sanction sportive, je n'étais pas favorable à ce qu'on les envoie devant un tribunal. Là, on a voulu en faire un exemple. Pour me remercier de mon soutien, l'organisateur du Tour de France m'a invité à l'automne à une course de gentlemen dans un château de la Loire, avec la famille Amaury, Bernard Hinault, des anciens coureurs…

J'allais aussi tous les ans assister au critérium de Château-Chinon, ce qui m'a permis de devenir ami du maire, qui s'appelait François Mitterrand. Lorsque je suis devenu un peu plus connu, un coureur me prêtait un vélo et je faisais un tour du parcours. Lors d'une de ces courses de gentlemen à Seignelay, un village de l'Yonne, j'ai même battu Anquetil et Poulidor ! La course se faisait en duo et j'étais avec un très bon coureur, alors qu'eux avaient hérité de coéquipiers bien moins sportifs. J'étais très ami avec Raymond Poulidor car j'ai passé quatre ans à Limoges lorsque lui était à Saint-Léonard-de-Noblat. Je l'ai rencontré quand il était jeune et j'étais même allé voir ses parents dans leur ferme de la Creuse. Chaque fois que j'allais sur le Tour de France, je passais un moment avec lui. C'est malheureusement l'un de ceux que j'ai pleurés lors des derniers mois…

Je fais aussi partie d'une fondation qui s'appelle Mécénat Chirurgie Cardiaque Enfants du Monde, qui organise chaque année une course de gentlemen juste avant une étape d'un contre-la-montre du Tour de France. Dès que je le pouvais, j'y participais. Ils me prêtaient un très beau vélo Look pour une course d'une trentaine de kilomètres environ. Il y avait plein d'anciens champions, comme Bernard Thévenet, des metteurs en scène, des chanteurs… La première fois c'était Tours-Blois, et ils m'ont laissé sortir un peu en tête. Je suis revenu dans le peloton et il y a eu une chute. C'était Roxana Maracineanu, alors championne de natation et aujourd'hui ministre des Sports, que j'ai aidée à se relever et nous nous sommes revus ensuite sur certains plateaux de télévision. Ces « courses » ont été le lieu d'épisodes assez drôles. Lors de l'une d'elles, mes deux pousseurs dans les côtes s'appelaient Bernard Hinault et Richard Virenque. Il y a plus mauvais. Une année, la côte était tellement raide et moi tellement fatigué qu'ils n'arrivaient plus à me pousser. Je leur ai dit de filer et j'ai fini à pied, passant au milieu d'une foule énorme qui s'était massée dans cette côte pour voir passer les vrais coureurs et qui scandait « Guy Roux ! Guy Roux ! Guy Roux ! » au rythme de mes pas. Une fois arrivé en haut, mon vélo à la main, Bernard Hinault m'attendait. Problème, il fallait faire la descente et je n'étais pas rassuré, surtout par le grand virage à la fin. Il m'a alors dit : « Surtout tu ne freines pas ! Tu te mets à côté de moi et quand je te dirai de tourner, tu tourneras. » J'ai vu une botte de paille en contrebas dans ce virage, je me suis alors dit qu'elle était pour moi. Mais lorsque Bernard Hinault m'a crié « Tourne ! », j'ai tourné, et à ma grande surprise je me suis retrouvé parfaitement dans la ligne droite. Le directeur de la marque Look m'a d'ailleurs donné un de ces vélos parce qu'il était supporter de l'AJA. La dernière fois que j'ai participé à cet événement c'était à Nice et j'ai terminé vingt minutes après le premier, puisque nous sommes partis avec le vent dans le dos et nous sommes évidemment revenus avec le vent de face. Quelques années plus tard, l'âge avançant, je n'avais plus trop envie de monter sur un vélo de course et je me demandais donc ce que j'allais en faire. Finalement, avec un ancien coureur portugais qui tient un magasin de cycles à Auxerre, nous l'avons vendu aux enchères à 2500 euros et les profits ont été reversés à Mécénat

Chirurgie Cardiaque Enfants du Monde. Voilà donc mon dernier exploit cycliste. J'ai encore un VTT pour aller dans les chemins de campagne, car c'est moins dangereux qu'un vélo de course.

Durant cette année de confinement, tous les jours à la télévision étaient diffusées des étapes de Tours de France anciens, notamment en montagne. J'ai donc mangé du Richard Virenque tous les jours pendant deux mois. C'est d'abord grâce au cyclisme que j'ai subi sans douleur le premier confinement. Le matin j'allais marcher un peu dans le rayon d'un kilomètre autorisé, j'allais chercher mon journal, et l'après-midi je m'embarquais pour trois cols et 180 kilomètres jusqu'au soir. J'ai satisfait à satiété ma passion.

Ma passion pour le sport ne se limite toutefois pas qu'au football et au cyclisme. J'ai également pratiqué le cross. Au lycée, il y avait ce qu'on appelait un « challenge du nombre ». Le jeudi il y avait une course inter-collèges et lycées, où il fallait faire maximum une fois et demie le temps du premier. Tous ceux qui atteignaient cet objectif avaient leur billet de sortie jusqu'au soir et les pauvres qui ne savaient ou ne pouvaient pas courir remontaient en rangs vers la salle d'études. J'étais doué, j'avais un cœur lent et j'ai gagné une fois ce « challenge du nombre ». On a aussi remporté le championnat d'académie à Dijon et j'ai gagné au sprint dans le stade où évoluent aujourd'hui les footballeurs dijonnais, contribuant à qualifier notre équipe pour les championnats de France à Reims, qui ont eu lieu sous la neige et où j'ai terminé 117e sur 400. Je jouais aussi au handball parce que tant que nous faisions du sport, nous n'allions pas en promenade. J'étais gardien et nous avons été champions de l'Yonne mais à chaque finale d'académie nous allions à Dijon prendre une volée, car ils avaient une équipe de première division, un international et s'entraînaient trois fois par semaine. Ces matchs-là, il ne fallait pas mettre son visage sur la trajectoire du ballon…

Aujourd'hui je regarde un petit peu les finales nationales de handball, un peu de sport américain et les coupes d'Europe de basket. Je ne suis pas trop mordu de Formule 1, je préfère le rallye, notamment celui de Monte-Carlo même s'il y a moins de neige qu'avant. Je possède aussi une collection de journaux sportifs qui ont appartenu au président de la Fédération française de football après la guerre, que j'ai achetée dans une brocante. Il y a au total 2000 journaux, avec des papiers magnifiques, dont le premier date de 1894, que j'ai beaucoup regardés pendant les confinements. Cela me rappelle des souvenirs, par exemple quand mon grand-père, qui aimait beaucoup la boxe, me réveillait en pleine nuit pour écouter les combats de Marcel Cerdan aux États-Unis. Mon cercle familial m'a aussi initié au sport. Mon père était un sprinteur et son frère était plutôt à l'aise sur le demi-fond. À l'époque, les gens faisaient beaucoup plus de sport qu'aujourd'hui. On a continué à construire des pistes d'athlétisme autour des stades, mais il n'y en a plus besoin. Un jour, avec l'AJA nous allons faire un tournoi à Mulhouse, qui était alors en première division, pour l'inauguration du stade avec une piste en tartan magnifique. Je fais avec le maire un tour de piste et j'en profite pour lui demander : « Citez-moi cinq athlètes mulhousiens. » Il sèche. Je lui demande alors au moins un nom, mais il n'en connaissait aucun. Nous sommes une société beaucoup moins sportive qu'avant ou après la guerre. Pendant la Seconde Guerre mondiale, il y avait les chantiers de jeunesse, qui avaient été créés par le gouvernement de Pétain pour s'occuper de la jeunesse française avant que les Allemands ne les prennent comme ouvriers ou qu'ils aillent au maquis. Lors de ces chantiers de jeunesse, dirigés par des militaires ou des professeurs de gymnastique, on faisait construire aux jeunes des terrains de sport. Et le terrain de sport type, c'est celui de mon village d'Appoigny, refait en 1943, avec une piste d'athlétisme de 200 mètres, un portique de trois mètres de haut et des troncs d'arbre pour pratiquer l'équilibre. Évidemment, c'est la seule chose que j'approuve de cette période, mais ils l'ont fait. Maintenant c'est fini, il n'y a pratiquement plus de stades municipaux en construction.

Sur ce thème, la journée au cours de laquelle François Mitterrand est venu à Auxerre et s'est posé au centre de formation, que je vous raconterai dans le chapitre suivant consacré à la politique, a aussi été importante pour une autre raison. Un autre hélicoptère avait atterri avant avec le ministre de l'Intérieur et le directeur général de l'Élysée, que j'avais rencontrés. Quelques mois plus tard a lieu un grave incident à Mantes, où une policière et un jeune se font tuer dans la nuit. Cela fait forcément beaucoup de bruit et le chef de cabinet de Mitterrand m'appelle un matin. Je venais de finir l'entraînement et il me demande de venir déjeuner avec lui. J'accepte, mais en demandant le renfort de quelques motards de la police pour arriver à l'heure à l'Élysée. Ils m'ont mis plusieurs motards dès Fontainebleau et à 13 h 30 j'étais à table. Il m'expose la situation et me dit qu'il a vu à Auxerre, lorsqu'il s'est posé au centre de formation, un rectangle avec un mur, des grillages et des jeunes qui jouaient dedans. « On pourrait faire ça dans les quartiers », propose-t-il. C'était une idée que j'avais moi-même prise en Turquie, où il y a de petites surfaces comme ça pour que les gamins puissent jouer. Il me demande alors de lui donner les plans et le prix de notre terrain à Auxerre pour en construire dans 400 endroits où il y a de l'insécurité pour les jeunes. Cela coûtait 500 000 francs et avec Philippe Graillot, le directeur des Sports qui venait de Nevers, on a mis en route le projet. J'ai rencontré Michel Charasse, le ministre du Budget, au Grand Prix de Formule 1 de Nevers Magny-Cours pour évoquer le sujet et en deux ans on a construit 1050 de ces terrains. Il fallait que les villes payent une moitié et l'État se chargeait de l'autre.

C'est ma plus grande œuvre, la seule fois où j'ai eu une influence nationale. Ils ont quand même fait une erreur. J'avais préconisé un sol dur, avec un tapis de gazon synthétique posé dessus, des murs, un grillage, un filet de six mètres de haut et aucune porte. Pourquoi pas de porte ? Car sinon les municipalités iront tout fermer à clé chaque fois qu'il y aura des bêtises de faites. Le seul petit problème, c'est que l'été les gamins jouaient toute la nuit et les voisins ne dormaient pas. Il y a encore beaucoup de ces stades, notamment un dans les hauts d'Auxerre. C'est solide, ils n'ont même pas changé le synthétique. Ceux qui se sont abîmés, ce sont ceux qui ont été construits en bois. Ils pourraient en refaire. À l'époque où Yannick Noah gagnait, tous les villages avaient construit des terrains de tennis. Maintenant ils font ces terrains multisports, où l'on peut jouer au foot, au hand et au basket. Ensuite Michel Platini a repris cette idée qui courait à l'échelon européen et l'UEFA en a payé la moitié. Chaque fédération avait droit à un nombre de terrains proportionnel au nombre de licenciés. Il y en a eu deux en Bourgogne, dont un dans mon village d'Appoigny. Je n'étais même pas au courant mais la municipalité a posé sa candidature et en a payé un tiers, tout comme le département et la région. C'est un super terrain en gazon synthétique, situé à côté des écoles primaires et qui sert donc de cour de récréation, donc c'est formidable.

J'ai aussi créé de toutes pièces la salle du centre de formation, en copiant honteusement une salle que j'avais vue au Danemark lors d'un déplacement. J'ai pris un cahier, j'ai tout noté et je l'ai refaite avec un architecte d'Auxerre et une entreprise de Mulhouse. C'est une salle de foot de 50x37 m, qui est la seule salle de ce type en France. Pourquoi cette salle est-elle si spéciale ? Car dans tous les gymnases il y a des panneaux fragiles autour, vous ne pouvez pas tirer n'importe comment, alors que là ce sont des murs de trois mètres de haut, qui permettent de faire des exercices. Et puis les buts, au lieu de déborder sur le terrain, on les a découpés dans les murs, ce qui donne plus de grandeur à la surface de jeu. C'est une salle où l'on pratique le foot et le tennis-ballon. Pour cet exercice, là encore j'ai copié les pays nordiques en fabriquant des « T » en fer, permettant de bien tendre le filet, avec des terrains de 9 mètres par 9. À ce petit jeu, Djibril Cissé était champion du monde, il faisait des smashs formidables au-dessus du filet.

Pour me construire ma méthode sportive personnelle, j'ai utilisé la même formule, à savoir m'inspirer de quelque chose d'existant et le mettre à ma sauce. Je me suis ainsi inspiré d'un livre belge intitulé *L'éducation physique du major Mollet.* Cela repose sur des choses simples : courir, sauter, nager, porter, s'équilibrer et grimper. Je n'ai bien sûr pas eu besoin de tout ça, mais j'ai beaucoup insisté sur la course. Courir, courir en côte, courir en descente, courir dans la neige… Pour sauter, je prenais une allée en forêt où il y avait trois ou quatre arbres, je faisais sauter les joueurs à droite, à gauche, etc. Les exercices que l'on voit maintenant avec des cônes ou des échelles en plastique posés sur le terrain, je les faisais en 1961 avec une pile de bois, et je plaçais des rondins tous les 50 centimètres. Même chose pour la musculation, l'équipe devait s'attaquer à une pile de bois, déplacer les morceaux un peu plus loin et la séance suivante ils les remettaient à leur place. C'était du sport naturel. J'ai toujours utilisé la forêt pour mes entraînements. Mais quand mes joueurs étaient amateurs, on y allait à 5 h 30 du matin, avant leur boulot. Sur le chemin, on avait un petit déjeuner offert par un cafetier. À partir du moment où j'ai réussi à instaurer une pause entre 12 heures et 14 heures pour mes joueurs, nous y allions le midi, et ce jusqu'en deuxième division. On courait environ huit kilomètres, en comptant les sprints. J'ai ainsi calculé que Basile Boli ou Éric Cantona ont fait chacun Auxerre-Moscou aller-retour en courant. Djibril est quant à lui recordman du monde du 26 mètres en côte avec virage à gauche. Nous avons tellement fait ces circuits qu'ils étaient comme imprimés dans la forêt. Les joueurs ne se plaignaient pas, c'était l'usage. Sabri Lamouchi m'a dit un jour : « Je n'ai jamais refait d'entraînement comme chez vous, mais c'est chez vous que j'ai été le plus en forme. » Il a pourtant eu une grande carrière dans de grands clubs, à l'Inter Milan, Parme, Monaco, ou Marseille et est désormais entraîneur. C'est peut-être le plus bel hommage que l'on puisse me faire.

Un politologue amateur

Avant de détailler mes convictions et surtout comment elles ont été forgées, je vais commencer par mon rapport le plus récent avec la politique, que j'aurais également pu placer dans le chapitre sur mes rencontres marquantes. En 2018, j'avais décidé de ne pas aller en Russie, alors que j'avais assisté aux treize Coupes du monde précédentes, depuis 1966. Mais là j'étais un peu fatigué et puis en Russie il y a de grandes distances entre les stades, ce qui me rebutait. En plus, je n'avais pas de contrat. Car les Coupes du monde, j'ai payé pour aller aux premières mais ensuite j'étais rémunéré par les télés qui m'embauchaient. Là, il fallait que je paye… et ma réputation des Guignols existe quand même. Donc je m'étais résigné à ne pas y aller. Arrive le vendredi soir, j'étais seul chez moi pour regarder le quart de finale France-Uruguay (2-0), et là je me dis : « Il faut que j'y aille ! » Mais bon, nous étions vendredi soir, à 23 heures, il fallait un visa pour la Russie, un avion, un billet. Je réfléchis un peu et, à minuit, j'appelle François Patriat, un très bon ami qui est chef des sénateurs macronistes, et je lui demande : « Pouvez-vous demander au président s'il reste une place dans son avion ? » Car j'avais lu dans *L'Équipe* qu'il irait voir le match. Mais ce président, contrairement aux précédents, je ne l'avais jamais vu et je ne le connaissais pas personnellement. Mon ami me dit alors qu'il va appeler tout de suite la secrétaire de l'Élysée et que j'aurai une réponse le lendemain matin. À 9 heures, la réponse tombe : « Monsieur le président trouve que c'est une bonne idée. Venez à Paris dimanche pour faire un visa à l'ambassade de Russie, et vous partez mardi midi pour revenir mercredi dans la nuit. »

Le mardi, rendez-vous était fixé à l'Élysée. Là, on me fait monter en voiture et j'ai traversé Paris avec uniquement des feux verts sur mon chemin, entouré des forces de l'ordre, à 120km/h de moyenne, pour me rendre à l'aéroport de Villacoublay. Je croyais que le voyage se ferait dans le grand avion de la République, mais c'était un petit avion à réaction. Nous étions une douzaine dedans, avec notamment Jean-Pierre Papin, le président d'un club de banlieue, la ministre des Sports, un lieutenant-colonel à ma droite, qui tenait la valise contenant la bombe atomique, un policier, une hôtesse et deux pilotes. Le trajet s'est très bien passé. J'étais en face du président du club amateur et j'ai bien sûr beaucoup parlé avec le lieutenant-colonel puisque mon père l'était aussi. Et au bout de vingt minutes, Emmanuel Macron est venu s'asseoir en face de moi. On a d'abord parlé de football, d'Auxerre et des jeunes. Il m'a demandé comment se comportait la jeunesse du centre de formation et souhaitait avoir beaucoup de détails sur la psychologie des adolescents actuels, comment on fonctionnait avec eux, quelles étaient mes méthodes d'enseignement... Cela a duré une heure, jusqu'au déjeuner. Une fois arrivé à Saint-Pétersbourg, rebelote ! Trois vans nous attendent, avec la police devant et derrière, et là encore la traversée de la ville se fait à 120km/h. Une demi-heure avant le coup d'envoi, nous arrivons au stade et nous montons dans une salle pour casser la croûte et boire un coup. Dans la tribune, j'étais dans la même rangée que le président, avec une dizaine de personnes entre nous, au beau milieu des chefs d'État. Et je me suis trouvé un copain, qui était Omar Bongo, le fils du président du Gabon. En fait, son père m'avait appelé vingt ans plus tôt au sujet d'un joueur gabonais que j'avais et qui jouait en équipe nationale. La discussion a donc commencé naturellement. À la fin du match, nous sommes descendus au vestiaire mais je n'ai pas voulu entrer. Je n'entre dans aucun vestiaire après un match depuis que je ne suis plus entraîneur. C'est un principe : je n'aimais pas avoir de visiteurs dans mon vestiaire, donc je n'embête pas les autres. Mais j'ai quand même vu Didier Deschamps et certains joueurs m'ont salué en passant.

Au retour, comme la France avait gagné, l'avion était organisé pour que nous soyons tous en rond autour de la table présidentielle et nous avons bu le champagne. Le trajet a été très agréable, nous parlions de tout. À un moment, le président me questionne pour savoir si je m'intéresse à la politique. Je lui réponds : « Oui, beaucoup, je suis un politologue amateur. » Il me demande alors ce que je pense des mesures que lui et son gouvernement ont prises depuis le début de son mandat. Je lui dis alors : « Vous voulez une réponse de courtoisie ou savoir ce que j'en pense vraiment ? » Il opte pour la franchise, donc je lui fais part de mon mécontentement concernant l'augmentation de la CSG pour les retraités. Je suis moi-même retraité, mais je ne me plains pas, je suis un retraité aisé. La première fois que j'ai touché ma retraite, j'étais même étonné de voir cet argent sur mon compte. Mais je trouvais qu'il aurait dû placer le curseur un peu plus haut, pour ne pas pénaliser les plus pauvres. Et il se trouve que quelques mois plus tard, ils ont relevé un peu la base de la CSG. Je lui ai aussi dit, quitte à être franc, que je n'avais pas trop aimé qu'il diminue les aides au logement. Il m'a remercié pour ma franchise.

Sur ce coup-là, l'aide de François Patriat m'a été précieuse, mais je le connais depuis très longtemps, avant qu'il ne devienne ministre. Il était vétérinaire à Semur-en-Auxois et maire d'un petit village de Côte-d'Or, Chailly-sur-Armançon. Nous avions sympathisé et lorsque nous avions un grand match de Coupe d'Europe il me téléphonait, je lui mettais des billets dans une enveloppe à l'accueil du stade et il récompensait ainsi les notables de son village. Comme notre stade était petit, les billets pour les grandes affiches étaient un bien rare et précieux. Avant cet épisode russe, je lui avais donc déjà rendu quelques services. Un jour, pendant la campagne des législatives, j'étais à l'hôtel Mercure de Boulogne-Billancourt, comme chaque fois que j'intervenais dans une émission de La Chaîne L'Équipe, et je reçois un appel de sa secrétaire qui me demande ce que je fais. J'avais prévu de rentrer le lendemain en train à Auxerre, mais elle me dit : « Vous venez avec nous, je ne vous dis pas encore où. Une voiture viendra vous prendre à 11 heures à votre hôtel. Munissez-vous d'un ballon. » Le lendemain, un minibus m'attend, je monte dedans et nous allons au Sénat récupérer François Patriat, sa secrétaire et trois autres sénateurs. Je ne demande pas où on va, mais je vois qu'on monte au nord de Paris et qu'on roule jusqu'à une ZUP située à Amiens, fief du président Macron. Là, je descends de voiture et me retrouve au milieu de 200 ou 300 gamins, la plupart d'origine africaine, qui négligent les sénateurs et m'interpellent pour signer des autographes et prendre des photos. C'était un forum pour l'emploi avec les candidats aux législatives, dont Mme Barbara Pompili, aujourd'hui ministre de la Transition écologique, et François Patriat me dit alors : « Bon, eh bien vous allez leur parler. » Je suis très surpris mais je me retrouve finalement à parler à tous ces jeunes et aux adultes qui les accompagnaient. Je leur dis : « J'ai un ballon, il faut que je le donne à quelqu'un de confiance. Donnez-moi un nom. » Tout le monde crie le même nom et un jeune homme de vingt-cinq ans s'approche, je lui donne le ballon et on a fait le tour de tous les stands. Sur ce coup-là, j'ai servi d'appât, mais c'était amusant.

Évidemment, l'opinion politique des gens est souvent influencée par la famille. Mon grand-père paternel était colonel, il avait été gazé pendant la guerre de 1914 puis est mort en 1948. Je suppose qu'il était, comme tous les officiers d'avant-guerre, assez à droite. Mon père, qui était aussi officier et qui a fini lieutenant-colonel après avoir fait toutes les guerres françaises entre 1939 et l'Algérie, notamment l'Indochine assez durement, était plutôt partisan du MRP, soit de centre-droit. Ayant combattu en Indochine contre des gens armés par les Chinois, il était un défenseur de l'empire français, comme tous les officiers. J'ai eu une opinion différente de lui pendant un certain temps, car je pensais qu'au XXe siècle il était impossible qu'on continue à avoir des colonies. Du fait de la carrière militaire de mon père, c'est mon grand-père qui était là pour diriger la maison et qui a fait mon éducation. Il était athée et laïc, parce que comme je vous l'ai déjà expliqué, son père s'était fâché avec le curé lors du baptême du douzième enfant et il était le treizième de la fratrie. Mais ça lui allait très bien comme ça. À Appoigny il y avait une frange catholique, forcément de droite, avec un curé hollandais qui chantait la messe en latin. J'aurais presque dit que nous étions des catholiques un peu intégristes. Mais au point de vue politique, c'était partagé avec des gens laïcs, au sens noble du terme, à savoir la possibilité d'habiter dans un pays quelle que soit sa religion, de la pratiquer à condition qu'elle ne gêne pas les autres et dans le respect des lois de la République. C'était la position de mon grand-père et c'est la mienne aussi.

Quelques années plus tard, lorsque j'étais étudiant en sciences physiques, chimiques et naturelles à Limoges, j'étais également pion et président de la corpo sciences. J'ai eu une carrière syndicale pendant trois ans, puis j'ai été vice-président de l'association générale des étudiants de Limoges et même pendant quelque temps vice-président de l'UNEF, chargé des sports et des loisirs. Lors d'un hiver, le responsable de l'UNEF avait organisé un camp de ski d'étudiants dans le Tyrol, en Autriche, mais il est tombé malade. J'ai donc sauté dans le train pour le remplacer et c'est la première fois de ma vie que j'ai touché un ski. J'ai mis la journée pour effectuer une descente de piste, en me tenant aux petits sapins. Ça n'a pas grand-chose de politique, mais je me souviens aussi que lors de ce passage dans ce syndicat étudiant, j'ai organisé de beaux événements, notamment la venue de Bill Coleman, un célèbre trompettiste américain que j'ai fait défiler dans une voiture tirée par un mulet dans les rues de Limoges. J'ai aussi séquestré Annie Cordy pendant deux heures, évidemment avec son accord. Elle devait chanter et on l'a cachée, créant l'inquiétude du public et un événement, avant de la « libérer » pour qu'elle puisse faire son spectacle comme prévu.

Au cours de cette période, je suis allé au congrès de l'UNEF en 1961, à Caen, qui était très chaud. Ce syndicat étudiant était de gauche alors que j'étais gaulliste, car étant petit lorsque j'allais au lit j'entendais les discours du Général de Gaulle et les « boum, boum » à travers la cloison. Mon grand-père maternel avait même une carte cachée dans le grenier sur laquelle il piquait des épingles sur les lieux des offensives alliées. Lorsqu'il y a eu le putsch des généraux pendant la guerre d'Algérie, j'ai été visé par l'OAS (Organisation de l'armée secrète). J'étais toujours pion au lycée de Limoges et le proviseur est venu me prévenir : « On nous a dit qu'il faut que vous partiez pour vous cacher, car si les parachutistes arrivent, vous êtes sur leur liste. Le préfet nous a prévenus. » Ça a duré seulement 24 heures, car le putsch n'a pas eu lieu. Mon père, qui faisait partie du génie, est rentré plusieurs mois après la fin de la guerre car les accords d'Évian stipulaient que les chantiers commencés devaient être finis. Mais il n'a pas été inquiété, car il construisait les routes et les écoles.

Je me suis finalement rendu en Algérie quelques années plus tard. En 1963, nous avons triplé la capacité de la tribune du stade Abbé-Deschamps, la faisant passer de 200 à 600 places, en employant comme manœuvres les joueurs de l'équipe junior. J'étais chef de chantier, bien sûr aidé par des maçons professionnels, et c'est la seule fois où j'ai eu de la corne dans les mains à force de porter les parpaings. La récompense pour les juniors était un voyage. De mon côté, lors d'une Coupe du monde j'avais rencontré le président de la Fédération algérienne de football, on avait sympathisé et il avait invité notre équipe junior à rencontrer l'équipe d'Algérie de la catégorie, entraînée par Lucien Leduc, l'un de mes amis. Comme Jean-Pierre Soisson était chef de cabinet du secrétaire d'État à la Marine, j'ai négocié avec lui des billets de bateau pour y aller et nous sommes partis. On a joué deux fois contre eux et une fois contre le Mouloudia d'Alger, au stade Saint-Eugène. Lors du premier match, on a perdu 8-4 car tous les gars avaient été malades sur le bateau, qui avait fait face à une grosse tempête. L'accueil a été formidable. Avec mes vingt gamins et mes deux dirigeants, nous avons été la première équipe française à revenir jouer après les accords d'Évian ! Nous avons visité la Casbah d'Alger avec un monsieur qui était sans doute au FLN un an avant. Il frappait aux portes et l'on entrait partout, même dans les palais. Lors du voyage ce guide me dit : « Qu'est-ce qui vous ferait plaisir ? » Je lui réponds : « Mon rêve, ce serait de manger une orange sur un arbre » Nous sommes montés dans le bus jusqu'à la ville de Tipaza, où j'ai mangé mon orange dans un champ. Pourquoi une orange ? Parce que le père Noël de 1946 m'avait accroché une orange sur le sapin, ce qui m'avait beaucoup frappé. Mais arrivés à Tizapa, des autorités locales sont venues nous voir et je leur ai expliqué que mon père avait été officier du génie civil dans la région. Et l'un me dit : « On le sait. » J'ai demandé pourquoi ils ne l'avaient pas tué, ils m'ont expliqué que c'est parce qu'il construisait des routes et des écoles. C'était un moment incroyable.

Ensuite je me suis lancé dans la vie active, comme agent d'assurances et entraîneur de football amateur, semi-professionnel puis professionnel, et je suis revenu un peu aux idées politiques originelles de ma famille. Mon passage à gauche a donc été furtif. J'ai d'ailleurs envie de reprendre une devise souvent citée par le président Hamel, même si je ne sais pas si elle est de lui : « Si tu n'es pas de gauche à dix-huit ans tu n'as pas de cœur, si tu n'es pas de droite à quarante ans tu n'as pas de tête. » Je suis donc devenu de droite, un peu avant quarante ans. Et je me suis retrouvé plongé dans la bataille politique à Auxerre. En 1963, après mon service militaire, je reviens entraîner l'AJA et beaucoup de mes joueurs sont au régiment, donc mon premier souci est qu'ils reviennent près d'Auxerre pour pouvoir jouer le dimanche. Daniel Rolland, mon ailier droit devenu ensuite le plus grand formateur du club, était militaire à Metz et revenait jouer chaque semaine, mais un jour il me dit : « Je pars lundi en Allemagne, c'est fini, je ne pourrai plus jouer. » Les élections avaient eu lieu et le député était Pierre Lemarchand, un gaulliste. Je suis donc allé le voir à sa permanence du samedi matin. Il n'était pas du tout connaisseur en football mais me reçoit très aimablement. Je lui explique la situation et il dit à sa femme, qui était aussi sa secrétaire : « Appelle-moi Pierre. » Ce Pierre en question était dans le jardin mais répond finalement au téléphone. Il s'agissait de Pierre Messmer, le ministre des Armées, qui lui dit que l'affaire peut attendre lundi, mais Lemarchand rétorque : « Non, tout de suite. » Et le lundi matin, alors que tout le régiment de Metz est parti en Allemagne dans des camions, Daniel Rolland est resté seul au milieu de la place d'armes et il a pris le train pour Fontainebleau et a pu continuer à jouer avec nous.

Le député Lemarchand était tout-puissant. Il m'a rendu beaucoup d'autres services. Quand sont arrivées les municipales, il m'a demandé d'être sur sa liste, ce que j'ai accepté, mais nous avons été battus à plate couture. Je me suis lancé dans cette aventure car le maire de l'époque était Jean Moreau, quelqu'un de très aimé, un vrai personnage qui avait créé beaucoup de choses dans la région, notamment une ligne aérienne reliant Auxerre à l'Angleterre pour vendre à prix d'or les cerises de la région à Londres. C'était aussi un héros de la guerre de 1914, un pilote de chasse qui nous racontait sa guerre de façon extraordinaire. Il avait été ministre de l'Air après la guerre et député pendant trente ans. Tous les lundis soir, après la traditionnelle réunion avec les dirigeants de l'AJA, j'allais boire un pot avec les journalistes et Jean Moreau. Je me battais aussi pour améliorer les choses du foot, car on avait un terrain épouvantable, qui n'appartenait pas à la municipalité mais à la société de l'Abbé Deschamps. Un jour, je lui dis que la ville pourrait faire quelque chose pour notre terrain, et il me répond : « Est-ce que je fais faire mon jardin par les jardiniers municipaux ? » Je lui rétorque : « Je suppose que oui et vous avez raison, car ça vous laisse du temps pour vous occuper de la ville, ce que vous faites bien. » Il me regarde et me dit alors : « Si vous n'êtes pas content, présentez-vous contre moi aux élections. » C'est ce que j'ai fait, sur une liste gaulliste qui correspondait à mes idées. J'ai donc fait une campagne électorale contre lui, qu'il a bien sûr gagnée. Mais lors du premier vote du conseil municipal après cette élection, il a donné 50 000 francs à l'AJA et au Stade Auxerrois pour refaire nos terrains. J'ai d'ailleurs fait une petite blague le 1er avril, car toutes les semaines les gens du Stade Auxerrois et de l'AJA venaient voir où l'herbe poussait le mieux. J'avais donc amené un petit sachet de graines de radis, et quinze jours après il y avait de superbes feuilles vertes. Ils ont tiré dessus et en sont sortis de magnifiques radis roses, ce qui n'avait jamais été fait lors de la construction d'un stade. Pour la petite histoire, Jean Moreau était l'amant d'une actrice célèbre, Suzy Delair. Nous, les lycéens, nous nous cachions dans des caisses lorsqu'il tenait des discours au marché couvert d'Auxerre et lorsqu'il prenait la parole, on lançait des « Suzy ! Suzy ! ». Tout le monde tournait la tête, on se taisait et lorsqu'il y avait un nouveau moment de silence, on relançait. Il nous avait alors lancé une phrase magnifique : « Jeunes godelureaux, quand vous en ferez autant à mon âge, vous pourrez parler ! »

Sur le plan municipal, on m'a demandé d'être conseiller à Appoigny pour aider auprès des administrations et aller chercher de l'argent, ce que j'ai accepté. J'ai fait trois mandats de six ans, mais évidemment avec ma carrière professionnelle je ne pouvais pas toujours assister au conseil municipal, mais j'étais toujours là lors du vote du budget. Je donnais mon avis mais je n'étais pas décideur. On ne parlait jamais de politique politicienne, c'était vraiment de la pratique. Je suis un politicien amateur, parce que hormis ma candidature sur une liste aux municipales à Auxerre et ce rôle de conseiller à Appoigny, je n'ai jamais occupé de fonctions officielles dans ce domaine.

On peut toutefois dire que mon rapport à la politique a été également très influencé par une rencontre effectuée étant adolescent. Lorsque je jouais en minimes à l'AJA, pour venir au stade je faisais dix kilomètres à vélo, que je déposais dans la cour d'un de mes copains, Alain Soisson. J'arrivais chez lui le matin et c'est là que j'ai mangé mes premiers croissants. Il avait un grand-frère qui avait quatre ans de plus que nous et qui s'appelait Jean-Pierre Soisson. C'était un élève exceptionnel, major de sa promotion à Sciences Po et l'ENA, qui a ensuite été ministre pendant plus de dix ans, sous les présidences de Valéry Giscard d'Estaing et François Mitterrand. Lorsqu'il s'est présenté pour la première fois aux élections législatives en 1967, où il a été battu, je l'avais soutenu logistiquement en m'occupant notamment du collage des affiches en Puisaye. Je passais mes nuits avec des seaux de colle dans ma voiture, en roulant parfois 150 kilomètres. Après les événements de 1968, je l'ai à nouveau aidé lors des législatives suivantes. Valéry Giscard d'Estaing, dont Soisson était du même parti, tenait un meeting au casino d'Auxerre et j'étais en charge du téléphone. J'avais un cahier, je notais les noms et les numéros des gens qui avaient un message à lui faire passer et à la fin du meeting je suis allé lui remettre la liste. Le soir nous sommes allés manger chez Jean-Pierre Soisson, nous étions neuf à table, dont Giscard d'Estaing. Avant le deuxième tour, rebelote : même meeting au même endroit et encore un repas chez M. Soisson. Et ma tristesse éternelle est que Valéry Giscard d'Estaing, une semaine après notre rencontre, ne m'a pas reconnu et ignorait que j'étais présent lors du premier meeting. Cela fait que dans mon classement à la sympathie des présidents de la République que j'ai connus, il n'est pas bien placé.

M. Soisson venait bien sûr voir nos matchs de temps à autre et une fois il était là et nous avions perdu. Alors lorsqu'est arrivé le match décisif face à Orléans pour monter en deuxième division, je lui ai interdit de venir. Il s'est placé au bout de l'allée, sans entrer dans l'enceinte, et lorsqu'il a entendu les clameurs à la fin du match il nous a rejoints pour faire la fête. Nous avons ensuite constamment débattu, parfois assez chaudement, pour que l'AJA soit soutenue. Par exemple, lorsque nous étions en troisième division avec un stade d'une capacité de 1800 places, pendant un match je voyais des gens agglutinés sous des arbres pour ne pas se faire mouiller. J'ai quitté mon banc, je suis monté le voir dans la tribune et je lui ai dit : « Jean-Pierre regardez, ces gens en face sont vos électeurs et vos contribuables, il faut leur faire une tribune. » Il me répond : « Là-bas, jamais ! C'est sous l'un de ces arbres que j'ai embrassé ma première petite amie, on n'y touchera pas ! » Comme on est montés, on a fini par construire quand même cette tribune. Il y avait 26 arbres, 13 de chaque côté d'une allée. Donc une nuit, un de mes amis a rassemblé une petite équipe de bûcherons et les 26 arbres ont été enlevés. Le matin, il ne restait qu'un peu de sciure. Évidemment, j'ai été suspecté tout de suite, je me suis caché pendant un certain temps et j'ai menti, mais nous avons pu construire une tribune de 2000 places. Quelques années plus tard, nous accédons à la première division et nous montons des tribunes tubulaires à la hâte, d'une capacité de 10 000 personnes d'un côté et 3 000 de l'autre. Pourquoi ? Parce qu'il y avait deux hêtres qu'il ne fallait pas enlever, qui avaient paraît-il été plantés par le père de Jean-Pierre Soisson. Alors par une nouvelle nuit avec lune, deux habiles bûcherons portugais ont transformé les deux arbres en piles de bois, laissant sur place les objets du litige. C'était un matin où nous partions en stage en Suisse, et quand nous sommes arrivés sur place tout le monde me cherchait. M. Hamel était très fâché car je ne l'avais pas prévenu, sinon il n'aurait jamais accepté. La presse locale s'est déchaînée à coups de traits d'esprit tels que « hêtre ou ne pas hêtre, telle est la question » ou « un seul hêtre vous manque et tout est dépeuplé ». Cette fois-ci, Jean-Pierre Soisson était très fâché et a assuré qu'il ne financerait pas la tribune, mais elle a finalement été construite avec l'aide de M. Chaufournais, propriétaire de plusieurs magasins Leclerc dans la région.

Après avoir été ministre de Valéry Giscard d'Estaing, Jean-Pierre Soisson était pressenti pour tenir un rôle similaire sous François Mitterrand. Un matin, il me téléphone et me dit de passer le voir à la mairie. Il me questionne : « Le président de la République me demande de passer à l'Élysée, qu'en pensez-vous ? » Je lui réponds : « Vous n'allez quand même pas être ministre de gauche ? En tout cas, ne passez pas par l'entrée principale car si vous ne tombez pas d'accord, mieux vaut qu'on ne vous voie pas. » À 13 heures je regardais les informations et j'ai vu sa voiture dans l'entrée principale de l'Élysée, je me suis dit que c'était bon, il était ministre. Il m'avait même demandé de quel ministère il pourrait s'occuper et je lui avais conseillé un poste qui regrouperait la jeunesse et les sports, mais aussi les armées et l'éducation. Rien que ça ! Il fut ministre de la Jeunesse et des Sports puis du Travail.

J'ai été anticommuniste, mais j'avais plein d'amis communistes, dont Georges Marchais. Il habitait à Sens et venait donc de temps en temps aux matchs de l'AJA. Un jour, pour un match de l'équipe de France face à la Belgique, je me suis retrouvé dans la tribune officielle du Parc des Princes et les gens avaient laissé toutes les places libres autour de lui, comme s'il avait la Covid. Je me suis donc assis à ses côtés. La France était menée 2-0 et il m'a demandé si on allait perdre. Je lui ai répondu qu'on allait gagner 3-2, ce qui s'est finalement produit. Il s'est levé dans la tribune et a crié : « Guy Roux l'avait dit ! » Sur son invitation, je suis allé deux fois à la Fête de l'Humanité, à sa table. C'était sensationnel, j'ai été très bien accueilli. J'allais également aux fêtes départementales du PCF et c'est souvent là que je décidais du prix dans les tribunes derrière les buts, là où généralement se plaçaient les ouvriers. Je les faisais voter en leur disant : « Si vous votez un prix trop bas, on n'aura pas d'équipe. Et si je vous donne un prix trop élevé, vous ne pourrez pas venir et vous me direz non. » Ce sont donc les communistes qui ont décidé du prix de ces places, ce dont je ne me suis pas vanté auprès de Jean-Claude Hamel, qui était l'un des adjoints de Jean-Pierre Soisson à ce moment-là.

J'avais un beau-frère, malheureusement décédé aujourd'hui, qui était communiste. C'était un petit-fils de républicain espagnol. Lorsque nous partions en vacances ensemble à Soulac, en Gironde, je ramenais toujours les journaux en rentrant de mon footing. Je prenais *L'Équipe* et *L'Humanité*, cette dernière n'existant qu'en un seul exemplaire et étant cachée derrière les autres quotidiens. Plus tard, j'allais en stage à Soulac avec mon équipe et je m'arrêtais toujours prendre les journaux au même endroit. Au cours de mon dernier séjour là-bas, les propriétaires de ce petit magasin organisaient un vin d'honneur pour fêter leur départ en retraite et m'ont invité. Là, le patron est venu me voir et m'a lancé : « Monsieur Roux, on se pose tous une question depuis trente ans. Pourquoi êtes-vous communiste ? C'est quand même drôle, vous devez gagner beaucoup d'argent. » J'ai répondu que je ne gagnais pas beaucoup d'argent mais que je n'étais pas du tout communiste, ce qui ne m'empêchait pas d'acheter *L'Humanité* pour mon beau-frère.

Je n'ai pas écrit ce livre pour faire de la politique, mais j'aimerais toutefois donner mon point de vue au sujet de l'immigration, car j'ai une conviction profonde. Je la tiens de l'histoire et de la géographie de la France. Quand on regarde une carte de l'Europe, la France est au bout, donc on peut venir l'envahir par le nord, comme les Vikings qui sont arrivés jusqu'à Auxerre, par l'est, comme les Germains à plusieurs reprises, par le sud et par l'ouest. Nous avons donc de tout temps reçu des gens venus du monde entier. J'ai très tôt très bien accepté l'immigration. Mon grand-père avait fait la guerre de 1914 à côté d'un régiment de tirailleurs sénégalais, qui se sont fait massacrer, et il m'en a toujours parlé en bien. Il était tout le contraire du racisme et j'ai donc été baigné là-dedans. Le premier homme noir que j'ai vu dans ma vie est un soldat américain, debout dans une Jeep, qui m'a donné du chocolat et un chewing-gum que j'ai avalé car je ne savais pas ce que c'était, au mois d'août 1944 à Appoigny. Déjà là, j'étais marqué. Ensuite, dans le football, j'ai très vite connu des Africains. Je me rappelle Larbi Benbarek, un Marocain fabuleux, l'équivalent de Michel Platini. À son époque il y avait une chose horrible à son sujet, c'est que les joueurs qui le marquaient mettaient un bout de lard dans leur short pour qu'il ne s'approche pas du but. C'est l'une des histoires de football les plus honteuses que j'ai apprises.

Durant mon adolescence, le lycée d'Auxerre avait reçu un proviseur qui l'avait été auparavant à Dakar et on lui avait affecté chaque année un certain nombre d'enfants de l'AOF, l'Afrique-Occidentale française, c'est-à-dire venant du Sénégal, du Mali, de Côte d'Ivoire, du Congo... Il y avait donc des élèves noirs dans chaque classe et comme c'est moi qui étais responsable du ballon et qu'ils aimaient jouer au foot aussi, ce sont devenus mes copains. Ils étaient dans mon dortoir, de la quatrième à la terminale, ainsi qu'avec moi à l'AJA. J'étais issu d'une famille en difficulté et je portais toujours des culottes courtes. Eux étaient des fils de riches africains et avaient donc des tas de costumes qu'ils me prêtaient. Quand je suis allé au bal du lycée pour la première fois, j'avais un costume à rayures d'un fils de chef africain. On les avait vraiment adoptés, ils étaient délicieux. Et puis quand je suis arrivé en tant que stagiaire à Limoges, il y avait plein d'Africains recrutés par Pierre Flamion. Donc ensuite quand Daniel Rolland m'a amené des jeunes joueurs d'origine africaine comme Basile et Roger Boli, ça a fonctionné immédiatement. Je savais comment les prendre, c'étaient mes copains, c'étaient les mêmes qui étaient quelques années plus tôt dans mon dortoir.

En 1962, après les accords d'Évian, des centaines de milliers de pieds-noirs sont revenus en métropole et ont été répartis dans toutes les villes de France, au prorata du nombre d'habitants. À Auxerre, sur la rive droite, ce sont des Oranais qui sont venus s'installer. Il y avait à la mairie un bureau d'accueil pour les rapatriés d'Algérie et j'ai vite flairé le bon coup, car en Afrique du Nord ce sont des mordus de foot. J'ai donc mis une pancarte sur laquelle était écrit : « Chers amis rapatriés, si vous aimez le football, nous sommes prêts à vous accueillir dans notre club et nous nous réjouissons déjà de vous rencontrer. » Ils étaient obligés de passer devant pour demander un logement, ce qui fait que j'ai eu quasiment une équipe de cadets et de juniors composée de beaucoup de bons joueurs. L'un des meilleurs était avant-centre et surtout très intelligent. Une vingtaine d'années après, lors d'un déplacement à Toulouse pour un match de Division 1, je l'ai recroisé et il était devenu cardiologue. Aujourd'hui ils sont tous en retraite, souvent à Auxerre, et je les rencontre toujours avec plaisir. Ils ont fait beaucoup de bien à l'AJA.

J'ai appris très tôt dans mes équipes ce qu'était le ramadan, ce qui n'a jamais été un problème pour moi. Je me suis toujours arrangé pour que les musulmans du centre de formation mangent la nuit, qu'on adapte nos habitudes aux leurs. Lorsque j'avais un match de Coupe d'Europe avec Moussa Saïb et Abdelhafid Tasfaout, deux Algériens, je m'arrangeais pour respecter leur manière de pratiquer le ramadan sans que cela ne fasse baisser leurs performances. Ils avaient le droit de manger le jour des matchs s'ils rattrapaient ensuite leurs jours de ramadan. En ce moment, à l'école de football de l'AJA l'un des entraîneurs est l'ancien joueur Adama Coulibaly, que j'ai eu à Lens, et il pratique la religion musulmane sans que cela n'ait plus d'impact que lorsque l'abbé Deschamps obligeait les joueurs à aller aux vêpres lorsque le match était à domicile. Coulibaly est même plus discret que cela. Cela n'est évidemment pas à moi de régler ces questions d'immigration et d'intégration. Je les vis comme j'ai décidé de les vivre, car je n'ai eu que des bons côtés, qui sont ancrés en moi. Je suis tolérant, prêt à partager le pays avec tous. Dernièrement, j'ai vu un film de Thomas Pesquet, le spationaute français. Vous croyez que dans sa capsule, en regardant la Terre, il distinguait les Blancs des Noirs et les musulmans des chrétiens ?

Mais là nous avons un problème commun, car la Covid ne choisit pas. Emmanuel Macron l'a dit, nous sommes de nouveau en guerre. D'ailleurs, j'ai rapidement milité pour que la majeure partie de la population se fasse vacciner. Grâce aux égards dus à mon âge, j'ai pu le faire rapidement, en attendant mon tour. J'ai trop été marqué par de graves maladies durant mon enfance pour me permettre de passer outre ce vaccin. Je me rappelle notamment un camarade de classe d'Appoigny qui est décédé de la diphtérie à l'âge de sept ans, et nous avions assisté à ses obsèques. C'était un moment terrible, qui m'a marqué à jamais. Je repasse souvent devant sa maison et je ne peux m'empêcher d'y repenser chaque fois. S'il y avait eu un vaccin à l'époque… Un de mes amis proches, pourtant en bonne santé, est décédé de la Covid en cinq jours dans un Ehpad, et je n'ai pas pu aller aux obsèques de mon cousin à Colmar. Si l'on ne fait rien, la vie ne pourra jamais reprendre normalement son cours et la France va se ruiner. Les premières réticences sur le vaccin sont normales, j'en ai eu aussi, mais j'ai écouté l'avis des plus grands spécialistes et j'ai été rassuré. Et puis il protège du virus, ce qui est tout sauf négligeable, surtout à mon âge.

François Patriat : « Si vous voulez faire le buzz, vous emmenez Guy Roux avec vous »

Ancien ministre, secrétaire d'État, député et président du Conseil régional de Bourgogne, aujourd'hui sénateur (RDPI) et proche d'Emmanuel Macron, François Patriat connaît Guy Roux depuis de nombreuses années. Encore aujourd'hui, il est bluffé par l'aura de son « compatriote » bourguignon.

Comment avez-vous noué une relation amicale avec Guy Roux ?

J'ai toujours été un admirateur de l'AJA et de Guy Roux car pendant très longtemps, la seule équipe bourguignonne en Division 1 c'était Auxerre. Chez moi, à Pouilly-en-Auxois (Côte-d'Or), quand on allait au foot au début on allait à Saint-Étienne, puis on est allés à Auxerre. C'est comme ça que je l'ai connu, notamment lors des grands rendez-vous comme les finales de Coupe de France ou les matchs de Coupe d'Europe. Mais j'ai vraiment appris à le connaître lorsque je suis devenu président de la région Bourgogne, à partir de 2004, et je me suis aperçu que Guy Roux a bien sûr la connaissance des hommes et du détail, puisqu'il connaît tout de la vie de ses joueurs et des gens qu'il côtoie, mais surtout qu'il s'intéresse beaucoup à la politique. Tous les matins, il lit *Le Monde*, il s'intéresse à la politique nationale. Il a toujours été gaulliste, a toujours voté à droite, mais pourtant il m'a soutenu.

Est-il difficile de composer avec lui au sujet de la politique locale ?

Il connaît évidemment très bien les politiques locaux, ceux qui aident l'AJA ou non, ceux qui comptent ou pas… Il sait aussi qu'il a du poids et dès qu'il a un petit problème il m'appelle, comme lorsqu'il m'a contacté pour aller assister à la demi-finale de la Coupe du monde 2018 en Russie dans l'avion du président Emmanuel Macron. J'ai fait la demande et elle a été acceptée immédiatement. Il a ce côté madré que l'on tourne un peu en dérision, mais c'est quelque chose de cultivé chez lui et qu'il cache de façon habile, ce qui est la preuve d'une grande réflexion et d'une grande connaissance des gens.

Est-il le plus grand ambassadeur de l'Yonne et plus généralement de la Bourgogne ?

François Patriat :
« Si vous voulez faire le buzz, vous emmenez Guy Roux avec vous »

Si vous voulez faire le buzz, vous emmenez Guy Roux avec vous. Dans un lycée, personne ne connaît François Patriat alors que tout le monde reconnaît Guy Roux. J'ai emmené deux fois Guy Roux au Sénat et chaque fois, entre l'entrée au 15 ter rue de Vaugirard et la salle des séances, on a mis une heure et quart parce que tout le monde veut lui parler. Et lui, il se rappelle chaque sénateur : « Je vous ai vu au match à Lens, je vous ai vu à Bordeaux, etc. » Quand je veux qu'on me remarque, j'emmène Guy Roux avec moi manger au restaurant du Sénat. Ce n'est pas seulement l'ambassadeur de l'Yonne, c'est l'ambassadeur du foot.

Le chantre du chablis

Lorsqu'il m'a fait chevalier de la Légion d'honneur en 1999, Jacques Chirac a déclaré que j'étais « le chantre du chablis ». Je ne suis pourtant devenu un amateur de vin que sur le tard, malgré le fait que mon grand-père possédait une vigne de Noah, un vieux cépage qui avait résisté tant bien que mal au phylloxéra et qui était très généreux. Ce Noah avait cependant un inconvénient, il contenait beaucoup de phénols et ceux qui en buvaient trop pouvaient avoir des atteintes neurologiques. Il a même été interdit d'en faire du vin car il avait la réputation de rendre fou. Mais mon grand-père en avait encore un petit peu, avec un petit pressoir à main. On vendangeait les raisins en famille pour faire de très bons jus de fruits. Je suis donc retourné à l'endroit où était cette vigne, qui est maintenant recouverte par la forêt, pour récupérer quelques pousses que j'ai replantées dans mon jardin. J'ai désormais trois pieds de Noah qui donnent du raisin très sucré qui fait le bonheur de mes arrière-petits-neveux. Quand je raconte ça, j'arrive même à intéresser les vignerons. À l'époque de mon grand-père, il n'y avait d'ailleurs pas forcément de grands vins dans l'Yonne car il y avait des vignes partout, ce qui donnait de très fortes quantités de vin mais surtout de la piquette. Ce vin était envoyé à Paris pour les ouvriers et arrivait à Bercy, *via* l'Yonne et la Seine.

Ensuite, ma connaissance du vin ne s'est pas développée rapidement. Lorsque j'étais pensionnaire au lycée Jacques-Amyot d'Auxerre, mes camarades de Chablis apportaient une bouteille chaque lundi, donnant beaucoup de joie à toute la classe mais pas mal de travail au surveillant général. Mais étant déjà très motivé par le sport, en particulier le football et le cross, je n'en buvais pas une goutte. C'était pour moi comme un fruit défendu. Lorsque je suis devenu adolescent puis quand j'ai dépassé la vingtaine, j'ai continué à jouer au foot très sérieusement et je n'ai toujours pas bu. Parmi ma bande de copains, je me suis marié le dernier et toutes les noces précédant la mienne, je les ai passées à boire uniquement de l'eau, malgré les vifs reproches de mes amis. Je suis un adepte du principe que si l'on veut éviter quelque chose, mieux vaut ne pas commencer.

Puis vers mes trente-cinq ans, lorsque j'ai arrêté d'avoir des ambitions footballistiques en tant que joueur et que je commençais à être un peu connu dans le département, j'ai commencé à être invité à Chablis. Petit à petit, j'ai appris quelles étaient les quatre « divisions » de chablis : le petit chablis, le chablis, les premiers crus et les grands crus. Je les ai toutes goûtées, mais toujours sans excès. Je pense en avoir commis deux fois dans ma vie, sans toutefois être malade. L'une de ces deux fois, j'étais avec Marc Bourrier, l'adjoint de Michel Hidalgo qui avait les rênes de l'équipe de France espoirs. Ces derniers étaient venus jouer à Auxerre donc je l'ai emmené à Chablis, en compagnie du médecin de l'équipe de France, d'un colonel de gendarmerie et de Roger Quillin, célèbre personnage de l'AJA, ancien résistant et grand dégustateur de chablis. Nous sommes allés chez un vigneron qui nous a fait une dégustation verticale, c'est-à-dire le fait de goûter un type de vin avec une remontée dans le temps, en commençant par l'année la plus récente. Nous étions six, dans une cave sublime éclairée par des bougies, et vingt-trois bouteilles ont été ouvertes. Ça fait beaucoup… Ayant quand même des bases, je ne buvais pas les plus récents, qui sont généralement les moins bons, mais l'addition des bonnes années a suffi pour que cela fasse trop. Pour repartir, j'étais dans la première voiture avec Marc Bourrier et j'avoue que la ligne du milieu de la route m'a été très utile pour caler ma roue gauche. J'ai effectué tout le trajet à 50 km/h maximum, sans jamais passer la quatrième. J'ai ensuite appris que le colonel de gendarmerie et Roger Quillin, qui étaient dans la seconde voiture, étaient allés dans la nuit réveiller l'officier du mess pour ouvrir avec lui une bouteille de champagne. Avec Marc Bourrier nous avons fait un footing le lendemain matin et j'avais l'impression que ma sudation était du chablis. Voilà l'une de mes rares nuits d'excès car lorsque je fais un dîner bourguignon avec de nombreux vins, je fais très attention.

J'ai ensuite été invité à découvrir les autres vignobles bourguignons, sur les côtes de Beaune et de Nuits, avec en point d'orgue la vente aux enchères des hospices de Beaune. Et là, il faut être très vigilant. Cela commence le vendredi matin par une réunion de tous les vignerons avec leur vin de l'année. On le goûte directement dans le tonneau, à l'aide d'une pipette, et il y a déjà de l'alcool. Ce qui est très embêtant, c'est que passer devant un vigneron et ne pas goûter son vin est presque une insulte. En plus, soit ils me connaissent, soit je les connais, donc on se parle toujours. Il y a bien sûr des crachoirs, mais imbiber son palais pendant deux heures n'est pas anodin. Lorsque l'on s'en va, on se rend au château de Santenay où est organisé un banquet international de 200 couverts. J'ai compté plusieurs fois et, en moyenne, quatorze vins sont proposés pendant le repas, qui dure de 13 heures à 20 heures. Là encore je ne me précipite pas et j'attends les derniers vins, qui sont les meilleurs. Mais ce qui est presque impensable, c'est que lorsque l'on a fini ce repas, on retourne à Beaune pour faire une descente de cave et dîner. La vie est vraiment dure… Il faut avoir un estomac bien accroché et quelques médicaments pour aider à passer la nuit tranquillement.

Le sommet de tout cela est la vente aux enchères, le dimanche, que j'ai eu l'honneur d'animer en 2012 aux côtés de Carla Bruni-Sarkozy. J'étais déjà là depuis deux jours et le dimanche est organisé un repas dans la salle Louis XIV, puisque selon les locaux c'est là qu'il aurait été conçu par Anne d'Autriche et un vigneron beaunois, Louis XIII n'étant apparemment pas très doué pour faire des enfants. À la table d'honneur, j'étais placé à côté du maire de Beaune et de Carla Bruni-Sarkozy. Il y avait au début un peu de timidité réciproque, puis le maire s'est levé pour aller saluer tous les convives et nous sommes restés tous les deux. Nous avons notamment parlé de l'Italie, dont elle est originaire, et de sa fille Giulia, alors âgée d'un an. C'est une dame charmante et de très grande classe et la glace s'est vite rompue. Je me rappelle d'ailleurs que Nicolas Sarkozy appelait régulièrement sa femme pour donner des nouvelles du bébé et l'informer en direct de l'évolution de la sieste et des biberons. Ensuite a eu lieu la vente, évidemment très professionnelle et gérée par la grande maison Christie's, avec en point d'orgue la « pièce du président », un tonneau de 350 litres. Le défi est de battre le record de l'année précédente, ce que nous avons réussi à faire. Nous étions je crois à 180 000 euros, alors Carla Bruni-Sarkozy a lancé : « Si vous montez à 200 000 euros, je livre la barrique moi-même. » Grand éclat de rire dans la salle et un acheteur lève sa plaque. Un homme d'affaires ukrainien était en lutte avec un Chinois, ce dernier voulant servir ce vin de Beaune aux passagers de première classe d'une compagnie aérienne de son pays. La bagarre faisait rage et Mme Bruni-Sarkozy a ajouté : « Si cela monte à 250 000 euros, mon mari viendra livrer avec moi. » Finalement, nous avons battu le record car le tonneau a été vendu à l'Ukrainien pour 270 000 euros.

Je ne suis moi-même pas un grand acheteur de vin. On m'en a beaucoup donné, ce qui m'a permis d'en boire de très bons. J'habite une maison construite en 1967, donc je ne possède pas de cave adéquate pour en stocker. Et puis étant à 200 mètres de l'Yonne, si je creusais pour en faire une, je me retrouverais plutôt avec une belle piscine souterraine. Je suis en revanche très curieux et il y a des vins du monde entier qui m'ont plu, notamment en Argentine, dans la région de Mendoza, où j'avais couvert la Coupe du monde 1978. Lors de la Coupe du monde au Brésil, en 2014, nous buvions uniquement du malbec, qui se trouve beaucoup en France dans la région de Cahors. C'est un vin assez épais que l'on dégustait chaque soir avec Raí et Daniel Cohn-Bendit, qui couvraient comme moi la compétition pour Europe 1. Je pourrais aussi parler de vin chilien ou sud-africain, dont j'ai visité quelques vignobles.

Dans les chablis, j'ai appris à discerner les bonnes années et faire la différence entre un chablis normal et un grand cru. En revanche, on peut se tromper entre un chablis normal et un premier cru. Si le premier est bien fait, il ressemble au second. Il faut savoir qu'à Chablis, avant la guerre 1939-1945, les vignerons étaient petits et pauvres et ne faisaient même pas le vin eux-mêmes. Ce sont les Beaunois qui venaient acheter le moût, c'est-à-dire le raisin écrasé, et qui faisaient le chablis. Ce sont les gens de ma génération qui ont fait l'école d'œnologie et des stages ailleurs qui ont commencé à faire eux-mêmes le chablis et les plus jeunes l'ont perfectionné. Car le vin, c'est comme le foot, il y a des divisions. Je classe les bourgognes et les bordeaux dans l'élite, les autres en D2, ce qui est déjà très bien. Étant né à Colmar, j'ai bien sûr goûté aux vins d'Alsace. Le travail de ces vignerons est également très perfectionné et j'avoue que j'apprécie beaucoup leurs vins, en particulier le riesling. Lors des foires aux vins des grandes surfaces, j'en profite aussi pour goûter des choses différentes, qui me changent un peu des bourgognes.

Comment parler de vin sans parler de nourriture ? Autant tout de suite vous faire une confession, je ne suis pas un bon cuisinier. La preuve, ma spécialité ce sont les œufs brouillés. Je ne suis quand même pas mauvais pour faire des grillades sur un gril naturel. Par exemple, lorsque je me rends à mon étang, je ramasse un peu de bois mort et je prépare un petit feu pour faire griller un peu de viande.

Pour évoquer les repas qui m'ont marqué, j'irais immédiatement vers l'excellence et les étoilés. Dans l'Yonne et la Côte-d'Or, nous avons eu la chance d'avoir trois immenses chefs. D'abord, en commençant par le sud, il y avait Bernard Loiseau, dont j'étais un intime. Il est décédé en 2003, avant un match que nous jouions à Liverpool, et j'ai appris sa mort dans un journal anglais. Le lundi d'avant, je m'étais arrêté à Saulieu, où était son restaurant, pour le saluer. Je l'ai connu dès qu'il a démarré. Sa personnalité était formidable et sa table extraordinaire. C'est même devenu une table historique puisque François Mitterrand est venu presque secrètement y rencontrer le chancelier allemand Helmut Kohl. Les deux hélicoptères se posaient sur le terrain de foot et ils déjeunaient tous les deux dans un coin de la salle, pour discuter des problèmes franco-allemands.

M. Mitterrand y venait aussi parfois en famille le dimanche pour déjeuner. L'une des créations de Bernard Loiseau était d'ailleurs les cuisses de grenouilles, plat qu'il a un jour servi au président Mitterrand, qui était représenté en cet animal dans l'émission télé *Le Bébête Show*. Mitterrand l'a regardé et lui a dit, avec le sourire : « Vous vous moquez de moi ? »

Le deuxième grand chef, malheureusement décédé récemment, qui a marqué l'Yonne est Marc Meneau, à Saint-Père-sous-Vézelay. Son restaurant, construit en pleine campagne, a obtenu trois étoiles et a été également fréquenté par François Mitterrand, ainsi que par bien d'autres personnalités. Serge Gainsbourg s'y était d'ailleurs installé durant les derniers mois de sa vie. Lorsqu'il a senti que sa santé déclinait, Marc Meneau avait organisé un repas de prestige, avec beaucoup de personnalités, auquel j'ai eu la chance de participer. Malheureusement, aujourd'hui le restaurant a complètement disparu bien qu'un repreneur en ait fait l'acquisition et les locaux sont à peine protégés, ce qui constitue une vraie misère.

À Joigny, nous avons également *La Côte Saint-Jacques*, gérée d'abord par Michel Lorain puis par son fils Jean-Michel, qui a reçu en 2018 la Légion d'honneur des mains d'Alain Delon, que j'ai pu rencontrer à l'occasion de cette cérémonie au restaurant. L'établissement a été développé de manière fantastique, au bord de l'Yonne. La sœur a construit un restaurant sur l'autre rive où je suis allé de nombreuses fois au vert avec mon équipe. Mais le restaurant principal a été longtemps triplement étoilé et, quand mon livret A a été rempli, j'avais pris l'habitude d'y inviter mes amis les plus proches le 31 décembre. La mauvaise année que nous venons de traverser a malheureusement interrompu cette tradition, mais j'ai passé plusieurs réveillons là-bas. Pendant cette période de pandémie, me rendre dans ces restaurants me manque, même si je ne peux pas dire que je les fréquente beaucoup. À mes débuts, je n'y allais même pas du tout, puis un peu plus lorsque j'ai fait quelques économies et désormais un peu plus souvent. Je n'ai pas vraiment de plats préférés, j'aime beaucoup de choses, mais ces trois chefs dont je vous parle ont élevé au rang d'art la préparation du poisson, peut-être car ils sont au bord d'un cours d'eau.

L'autre grand chef qui a marqué ma vie, c'est ma grand-mère. Elle m'a appris à réaliser des tartes de toutes sortes, de A à Z. Pendant la guerre, mon grand-père nous a fait vivre en autarcie, je n'ai jamais eu faim. Il avait un petit champ de blé, qu'il battait au fléau, ce qui nous permettait d'avoir de la farine toute l'année. Parfois on faisait des repas entièrement composés de tartes : aux pommes de terre, aux poireaux, au potiron puis à la confiture de cerises. Une autre cérémonie de mon enfance était celle des gaufres. On avait un gaufrier unique, ne permettant de faire qu'une gaufre à la fois. Il fallait donc attendre longtemps son tour puis nous avons hérité de l'appareil d'une vieille cousine, permettant d'en faire cinq d'un coup. Ma grand-mère faisait la pâte et mon grand-père les faisait cuire en mettant le gaufrier sur la cuisinière à bois. Chaque année, à la foire d'Auxerre qui se déroule en face du stade Abbé-Deschamps, je me rends tous les soirs chez un marchand de gaufres pour en déguster une. Je dois l'avouer, je suis plus fidèle à ce gaufrier qu'à l'église.

Jean-Marc Brocard : « Chablis peut remercier Guy Roux ! »

Viticulteur réputé de Chablis, Jean-Marc Brocard a connu Guy Roux très jeune et a vu se développer son goût pour le bon vin, dont il s'est souvent servi à des fins footballistiques. Le vigneron souligne surtout le rôle capital qu'a joué l'ancien entraîneur de l'AJA dans la promotion de ce « trésor » de l'Yonne.

Quand avez-vous commencé à côtoyer Guy Roux ?

En 1964, j'étais au lycée Joseph-Fourier à Auxerre et, même si je ne le côtoyais pas, je savais qui il était car il nous piquait le terrain de foot qui était normalement réservé à notre établissement. Il tournait déjà beaucoup autour du stade avec des joueurs, ça se voyait qu'il avait ça dans la peau. Ensuite, j'ai appris à mieux le connaître lorsque l'AJA est montée en première division, en 1980. Auxerre c'est assez petit, donc les relations se nouent rapidement. Je connaissais bien Jean-Claude Hamel et Gérard Bourgoin, donc j'ai vite rencontré Guy Roux. Quand on a une cave, on est toujours bien vu. C'est un lieu de convivialité, d'accueil, donc on recevait du monde en lien avec l'AJA, parfois même les dirigeants adverses, les arbitres....

Les souvenirs de dégustation avec Guy Roux doivent être nombreux…

Oh oui, je ne pourrais pas tous les relater ! Par exemple, beaucoup de grandes négociations de transfert se sont terminées dans ma cave. C'était cocasse car Guy faisait venir beaucoup de monde et on parlait de tout, sauf de foot. Je pense notamment aux négociations pour l'arrivée du Finlandais Teemu Tainio, qui était convoité par des clubs italiens, en 1997. Il y avait les parents du joueur, qui ne parlaient pas un mot d'anglais, un traducteur, l'agent, etc. Le père de Tainio a vu qu'il y avait beaucoup de convivialité à Auxerre et il a laissé son fils à l'AJA. Ce jour-là, ils avaient quand même fait fort car il y avait une douzaine de personnes et ils avaient bu quatorze bouteilles de chablis 1978. Mais la méthode fonctionnait bien…

Guy Roux est-il finalement le meilleur ambassadeur du chablis ?

Oui, il y est très attaché, il connaît bien plusieurs vignerons. Il a fait la promotion du chablis bien plus que des organismes professionnels, puisqu'il en parlait chaque fois à la radio ou à la télé. Je me rappelle une fois où il m'avait emmené assister à une émission de TF1 avec Roger Zabel, un soir de Ligue des champions, et nous avions emmené des bouteilles. Ils lui ont interdit d'en faire la publicité sur le plateau, alors il a dit : « Si c'est comme ça, je m'en vais. » Ils nous ont finalement laissé passer avec des magnums et il les a sortis pile quand il fallait pour que tous les téléspectateurs les voient. Le CSA était en colère mais ça a marché. Le chablis était très connu à l'export mais Guy a rétabli l'image de ce vin en France, de manière populaire et conviviale. Il parle à toutes les classes de la société, c'est un homme fantastique. L'assemblage Guy Roux et chablis, ça marche ! Vous pouvez aller partout en France, vous dites que vous venez de l'Yonne et on vous parle immédiatement de Guy Roux et du chablis. En résumé, Chablis peut remercier Guy Roux !

Une vie de rencontres

Ma vie a été marquée par les rencontres. Celles avec des gens « anonymes » mais qui gardent une place importante dans ma mémoire, et d'autres avec ceux que l'on appelle les « personnalités ». Grâce à ma réussite dans le football, j'ai pu approcher et côtoyer des hommes et femmes politiques de tout premier ordre, ainsi que des stars du monde du spectacle et certaines de mes idoles. Commençons par la politique, dont je vous ai détaillé mes convictions dans un précédent chapitre, et par mes rencontres avec les présidents de la République.

J'ai été fait chevalier de la Légion d'honneur en 1999 par Jacques Chirac. Il n'a jamais voulu me le dire, mais je pense que c'est Jean-Pierre Soisson qui avait soufflé mon nom. J'étais évidemment très flatté, c'était une cérémonie formidable. Il y avait notamment un grand homme de l'aéronautique, âgé de près de cent ans, et Jean Reno, qui était placé juste à côté de moi. C'est une journée fatigante et extrêmement cadrée, où même la place des pieds est indiquée. Une heure et demie avant on vous place pile au bon endroit et vous restez debout, avec le pupitre du président de la République en face de vous, les caméras sur un côté et derrière vous le public, les amis et la famille. Je note quand même que les édiles d'Auxerre, notamment ceux qui étaient mes ennemis, étaient tous présents. J'avais déjà assisté à une remise de la Légion d'honneur, celle de Jean Garnault, le président de l'AJA qui m'avait embauché et qui était devenu ensuite maire d'Auxerre. Je me suis aperçu que pour François Mitterrand, c'était un après-midi de délices, un vrai spectacle. On lui donnait une petite carte avec le nom de la personne récompensée et il récitait par cœur un texte personnalisé pour chacun. Tout ça dans le français de François Mitterrand, en respectant parfaitement les imparfaits du subjonctif. C'était spectaculaire. Jacques Chirac effectuait l'exercice différemment. Il était devant son pupitre et lisait un texte. Pour moi, il avait dit : « Guy Roux est un chantre du chablis, dont il possède quelques arpents. » Je lui en ai ensuite envoyé une caisse, en passant par Bertrand Landrieu, le directeur de cabinet de l'Élysée qui était originaire d'Appoigny. Jacques Chirac a donc appelé le secrétariat à l'AJA pour me remercier et m'a dit : « Monsieur Roux, je ne vous ai pas décoré pour avoir du chablis, mais avec Mme Chirac nous vous avons désobéi. Vous nous aviez conseillé d'attendre pour le boire mais nous avons déjà ouvert une bouteille. Et le vin était très bon ! »

En janvier 2008, j'ai cette fois été promu officier de la Légion d'honneur. Nicolas Sarkozy avait aussi rédigé un texte qui disait entre autres que « Guy Roux, c'est une marque ». C'était très sympa mais je le connaissais déjà car je l'avais rencontré au Parc des Princes. Je l'ai d'ailleurs connu assez jeune, lorsque ses enfants devaient avoir environ six et huit ans. Un jour, je vais voir un match du PSG et j'arrive une heure avant le coup d'envoi et il était déjà là aussi. Il suivait beaucoup le foot donc il me reconnaît et me demande : « Monsieur Roux, je dois aller voir quelqu'un, pouvez-vous garder mes deux enfants ? » J'ai donc passé une heure avec eux pour les surveiller. Je l'ai revu à d'autres occasions, et généralement nous passions les trois quarts du temps à parler du PSG.

François Hollande, je l'ai rencontré de nombreuses fois lorsqu'il était secrétaire général du Parti socialiste, notamment les soirs d'élection à TF1, qui faisait appel à moi comme grand témoin et pour recevoir les dirigeants politiques. Ensuite je l'ai revu à Canal + et on parlait de foot.

Mais évidemment, celui que j'ai le plus côtoyé est François Mitterrand. Je l'ai rencontré au milieu des années 1970 à Château-Chinon, le village dans la Nièvre dont il était maire, car j'emmenais régulièrement mon équipe là-bas en stage et nous logions à l'hôtel du Vieux Morvan, où il avait ses habitudes. Nous prenions régulièrement le café ensemble et nous discutions de football et de politique. Je lui ai d'ailleurs assez vite avoué que j'étais de droite, gaulliste, et il a apprécié ma franchise. En avril 1981, quelques semaines avant les élections présidentielles, Jean Glavany, qui s'occupait de sa campagne électorale, m'appelle pour me dire que François Mitterrand a besoin d'une équipe de foot pour une séance photo destinée au journal anglais *The Times*. Je lui ai d'abord conseillé de prendre l'équipe locale de Château-Chinon mais il a insisté pour que cela soit nous car nous jouions déjà en première division. De plus, Gérard Bourgoin y a vu une formidable opportunité de faire de la publicité pour sa marque Chaillotine, qui était notre sponsor maillot, et nous y sommes allés avec plaisir.

Quelques années plus tard, Mitterrand avait demandé à Jean-Pierre Soisson : « Il faudrait que votre équipe vienne à Château-Chinon pour inaugurer la stèle de mon ami, le résistant Jean Chevrier. » J'y vais donc avec mon équipe, malgré mon président Jean-Claude Hamel qui était adjoint RPR de Soisson, pour disputer un match amical face à Gueugnon. Nous inaugurions d'abord la statue en l'honneur de Jean Chevrier à l'extérieur du stade et François Mitterrand vient donc nous serrer la main et mes joueurs se présentent un à un. Il discute avec Didier Otokoré et lui demande de quelle origine il est et ils bavardent donc un peu au sujet de la Côte d'Ivoire. On traverse ensuite la route pour aller sur le terrain, pour une présentation type finale de Coupe de France, avec les joueurs alignés en rang. Mitterrand passe devant eux et leur serre à nouveau la main chacun leur tour, sauf à Otokoré qui lui lance : « Je ne vous serre pas la main, je l'ai déjà fait tout à l'heure. » Tout le monde a éclaté de rire, le président aussi.

En 1990, le président Mitterrand est venu à Auxerre et son hélicoptère devait se poser dans la cour de la gendarmerie, fraîchement repeinte pour l'occasion. Une information que l'on m'avait soigneusement dissimulée. Jean-Pierre Soisson était ministre du Travail et Mitterrand venait tenir un discours sur le sujet. C'est à Auxerre qu'il a prononcé la fameuse formule de « l'argent en dormant ». Mais comme nous faisions régulièrement des stages à Château-Chinon, je prenais souvent le café avec lui et des élus du coin et nous sommes devenus amis. Il m'a dit que si un jour j'avais besoin de quelque chose, je n'avais qu'à l'appeler. Je téléphone donc à Béatrice Marre, qui était l'ancienne sous-préfète de Château-Chinon et occupait désormais un rôle important à l'Élysée, en lui disant que j'aimerais que le président se pose plutôt sur le terrain du centre de formation et qu'il rencontre nos jeunes, qui lui feront beaucoup d'honneurs. Elle me répond : « Mais vous êtes fou ? Le protocole est organisé, la gendarmerie a été repeinte, l'itinéraire est soigneusement étudié, la police spécialisée a visité les toits et les greniers… » Je lui rappelle ce que M. Mitterrand m'avait dit autour d'un Orangina après un entraînement dans son fief et lui demande donc de lui en parler. L'après-midi elle me rappelle et me dit : « Il n'y a que les fous qui réussissent, il atterrit chez vous ! » J'avais préparé mes gamins, avec des bouquets bleu-blanc-rouge et des drapeaux dans tous les filets autour du terrain. On m'avait d'ailleurs interdit de mettre des drapeaux, j'ignore pourquoi, mais j'en ai mis et on ne m'a rien dit. Ça ressemblait à la libération de Strasbourg. Le président s'est donc posé et lorsqu'il est descendu de l'hélicoptère, l'un des enfants les plus sérieux avait appris un petit texte que j'avais sélectionné dans un livre d'instruction civique de cours moyen et a récité le couplet sur la République, qu'on ferait d'ailleurs bien d'enseigner aujourd'hui. Mitterrand était stupéfait et a dit : « Décidément, à Auxerre on ne fait jamais rien comme ailleurs. » Je l'ai revu pour la dernière fois en 1994, lorsqu'il m'a remis la Coupe de France remportée face à Montpellier (3-0). Nous avons simplement échangé quelques mots dans la tribune, mais cela nous a suffi pour évoquer Château-Chinon.

J'ai également rencontré des présidents de pays étrangers, encore récemment. J'ai accompagné Jean-Baptiste Lemoyne, secrétaire d'État aux Affaires étrangères et sénateur de l'Yonne, à l'investiture de George Weah à la présidence du Libéria en 2018. J'étais au milieu des chefs d'État africains que je ne connaissais pas mais qui me connaissaient tous parce que j'avais eu des joueurs de leurs pays à Auxerre. Weah accueillait des visiteurs du monde entier, il y avait une foule immense. On s'est laissé porter. Il a prêté serment sur la Bible, dans les tribunes du grand stade de Monrovia, à l'américaine. Je me suis retrouvé dans la tribune officielle, au milieu des représentants d'autres pays. J'en ai profité pour me faire expliquer l'histoire du Libéria, qui m'a beaucoup intéressé.

J'ai aussi la chance de côtoyer chaque année de nombreux hommes politiques car je suis sélectionneur de l'équipe de l'Assemblée nationale. Chaque année nous jouons un match contre le Variétés Club de France, majoritairement composé de joueurs de l'équipe de France 1998, au profit d'une œuvre caritative. Nous prenons en général entre dix et vingt buts, mais l'essentiel n'est pas là. C'est une tâche compliquée car il y a plus de 30 députés qui veulent participer et il faut qu'ils jouent tous quelques minutes. J'ai même fait découper les mi-temps en deux pour qu'ils jouent tous au moins un quart du match. Ça me permet de bien les connaître. Dans mon équipe, j'ai par exemple eu Olivier Véran, qui jouait ailier, et Édouard Philippe. Jusqu'aux dernières élections et l'arrivée des députés En Marche, la moyenne d'âge était plutôt de 55 ou 60 ans et mes joueurs étaient très disciplinés. Lors de la première année avec les En Marche, ils sont arrivés une heure et demie avant l'heure du rendez-vous, ils ont piqué les maillots et les ballons et quand je suis arrivé ils avaient déjà couru pendant une heure. Ils étaient très sympas, mais complètement désordonnés. Je me suis dit que s'ils étaient comme ça à l'Assemblée nationale, le président devait avoir du mal à les cadrer. Il y avait aussi un député de La France Insoumise qui venait de sortir un livre, il l'avait placé sur tous les bancs dans le vestiaire. Les meilleurs joueurs que j'ai eu sont François Baroin, Renaud Muselier et Xavier Bertrand. Je suis d'ailleurs copain avec François Baroin car je suis souvent allé voir des matchs à Troyes, j'ai bu le champagne avec lui à la mi-temps et je l'ai soutenu lors de quelques élections. Je l'apprécie beaucoup. J'ai aussi dirigé l'équipe des armées, match auquel a participé le général Pierre de Villiers, qui jouait régulièrement dans son village, et Yves Le Drian. Il n'y avait que des généraux sur le terrain et j'avais compté les étoiles des képis dans le vestiaire, il y en avait cinquante-deux !

En plus des hommes politiques, j'ai eu la chance de rencontrer de nombreuses personnalités reconnues du monde des médias et du spectacle. Au sommet de ma réussite sportive, Christian Jeanpierre, avec qui je travaillais à TF1, m'a fait « embaucher » aux Enfoirés. Jean-Jacques Goldman aime aussi beaucoup le foot donc nous avons sympathisé tout de suite. J'ai été convoqué à Lyon pour un spectacle devant 9 000 personnes, j'ai trouvé ça grandiose. J'étais bien sûr arrivé très en avance, le temps de me faire maquiller et de me déguiser. J'attendais mon tour et Jean-Claude Brialy était juste à côté de moi. Je l'ai donc salué et je me suis présenté. J'ai vite compris qu'il ne suivait pas le foot mais il était très sympathique. « J'ai vu certains de vos films, surtout ceux de la nouvelle vague, parfois jusqu'à cinq fois. Mais seulement jusqu'en 1962, après je n'ai plus eu le temps », lui ai-je avoué. On a beaucoup bavardé, il avait une très grande culture générale et s'exprimait extrêmement bien. Mon manager était Pierre Palmade, qui avait écrit un sketch dans lequel je tenais mon propre rôle, fidèle à ma légende. Sur l'air des « Jolies colonies de vacances » de Pierre Perret, tous les acteurs et chanteurs étaient en pyjama et, à l'aide d'un fouet, je devais les faire aller au lit. Je n'avais chanté de ma vie mais Patrick Bruel a réussi à me convaincre. Sur la chanson finale des Enfoirés, qui clôt le spectacle, j'étais à côté de lui et il m'a ordonné : « Ne t'occupe pas, chante avec moi ! »

Gérard Depardieu est un personnage à part. Il peut s'exprimer très crûment comme avec une grande finesse. C'était un peu un gamin de la rue à Châteauroux, issu d'une famille très modeste, et on se demande à quel moment de sa vie il a pu devenir un homme de lettres, capable de chanter le répertoire de Barbara ou de réciter Aragon. Je l'ai connu par l'intermédiaire de Gérard Bourgoin, qui est ami avec lui. Il est toujours décrit comme quelqu'un qui boit beaucoup, mais je n'ai jamais connu de problèmes de ce type en sa présence. J'ai pourtant passé plusieurs soirées avec lui à Chablis et j'ai remarqué que, comme moi, il réservait son palais aux grands crus, laissant les mauvaises années de côté. En 1995, il tournait *Le plus beau métier du monde*, avec des enfants de Seine-Saint-Denis qu'il a amenés à un match à Auxerre. Après la rencontre les jeunes ont évidemment voulu voir les joueurs et ont eu droit d'aller dans les vestiaires, mais ils ont fauché toutes les chaussures et les maillots ! Ça nous a rapprochés et il nous a accompagnés lors du quart de finale de Coupe de France 1996 que l'on jouait à Valence. Il était dans le bus avec nous, ce qui était la garantie d'une belle ambiance. Christophe Cocard essayait de savoir avec quelles actrices Depardieu avait eu des aventures. Il a parfois nié, parfois non, mais pour l'une d'elles il a simplement lâché : « Non, pas elle, c'est comme ma sœur. »

Il est encore venu avec nous pour la demi-finale à Marseille. L'OM était suspecté, peut-être à tort, de pousser certains maîtres d'hôtel à mettre parfois un peu de poudre de perlimpinpin dans l'eau des adversaires, donc j'avais pris mes précautions. Nous avions réservé des chambres dans un Novotel proche de l'aéroport mais au dernier moment nous avions secrètement filé dans un établissement de Bandol. Le contexte était donc tendu et Depardieu nous avait dit qu'il nous fournirait les gardes du corps. Il était donc venu avec quatre Guadeloupéens d'environ deux mètres, qui étaient paraît-il le service d'ordre de Jacques Chirac lors des campagnes électorales. Ils sont arrivés avant nous et j'ai donc fait leur connaissance alors qu'ils étaient en train de déjeuner dans la cuisine de l'hôtel. Gérard Bourgoin, qui avait son CAP de boucher, découpait des biftecks de 500 grammes dans un gros morceau de viande et ces grands gaillards les enfournaient en une seule bouchée. Ils prenaient ensuite une bouteille de Cristalline, la descendaient d'un coup, et reprenaient un autre bifteck. Leur repas était pantagruélique mais nous étions entre de bonnes mains. Heureusement, car nous nous sommes qualifiés aux tirs au but (1-1, 3 tab à 1) et le terrain a été un peu envahi. J'avais un garde du corps juste pour moi et quand quelques personnes m'ont approché d'un peu trop près, il a simplement tendu le bras et mis sa main à plat, sans donner un seul coup, et cela suffisait pour coucher tout le monde. Ce soir-là, la présence Gérard Depardieu a bien failli nous coûter cher. Au moment des penalties, il est descendu de la tribune officielle pour venir s'asseoir sur notre banc. J'étais tellement pris par l'enjeu que je ne m'en suis même pas aperçu. Le délégué de la Fédération a établi un rapport et nous a collé une amende. Je suis allé défendre l'AJA personnellement en disant que c'était à l'organisateur du match de payer cette amende, car ce n'était pas l'AJA qui avait la charge de garder les abords du terrain. J'ai même rajouté que quelqu'un de costaud et qu'on ne connaissait pas était venu s'asseoir sur notre banc, sans que l'on s'en aperçoive. Évidemment, tout le monde savait que Depardieu était venu avec nous, mais j'ai feint l'ignorance et nous avons échappé à la punition.

Pour la finale de 1996 face à Nîmes (2-1), j'avais eu droit à quelques billets en tribune officielle et j'en avais donné un à mon père qui, après le match, me raconte qu'il a passé une très bonne soirée à côté d'un jeune homme très cultivé, sans doute artiste, avec lequel il a beaucoup parlé. Lors du repas d'après-match, j'étais à la table des Depardieu, avec Gérard, sa fille Julie et son fils Guillaume. Ce dernier me dit alors : « Merci pour la place. J'étais à côté d'un vieux monsieur, je ne pensais pas parler un jour comme ça avec un colonel. » Ce monsieur, c'était mon père et cela m'a beaucoup touché. Gérard m'a d'ailleurs demandé ce soir-là : « Je vois comment tu gères tes joueurs, comment tu les éduques. Tu ne peux pas t'occuper de mon fils ? » J'ai refusé car je ne m'estimais pas compétent en la matière, mon domaine étant limité au football.

J'ai revu Gérard Depardieu par hasard un jour dans un avion pour Montpellier. J'allais commenter un match pour Canal + et lui assister à un spectacle à l'opéra. Je m'assois au troisième rang et j'entends quelqu'un, dix sièges plus loin, m'apostropher : « Guy ! Guy ! » Je me retourne, c'était Depardieu. On avait déjà attaché nos ceintures, donc nous ne pouvions pas bouger, mais il m'a parlé pendant une demi-heure comme si j'étais à côté de lui et m'a invité au repas d'après-spectacle. J'arrive au stade de la Mosson pour commenter le match, je salue Louis Nicollin dans sa loge et il me dit : « Depardieu m'a dit qu'il fallait que je m'occupe de toi, donc c'est moi qui t'emmènerai au restaurant ce soir. » Après la rencontre, le président de Montpellier, son épouse et moi sommes donc allés rejoindre Depardieu au restaurant avec les chanteurs de l'opéra. Et une nouvelle fois, j'ai eu la preuve que sa réputation de grand buveur n'était pas toujours vérifiée.

Mais l'anecdote la plus folle concernant Gérard Depardieu est sans doute celle où il s'est retrouvé torse nu dans ma chambre d'hôpital à côté de Lionel Jospin, après mon opération du cœur à la fin de l'année 2001. J'avais été prévenu de la visite du Premier ministre, que j'avais connu quelques mois à l'armée, et j'avais donc demandé à mon fils de m'acheter un beau pyjama. Mais avant que Lionel Jospin arrive, c'est Gérard qui est venu me rendre visite. Et là, il s'est mis à me raconter l'opération du cœur qu'il avait lui-même subie et a enlevé sa chemise pour m'expliquer les détails, gestes à l'appui. Quand Jospin est entré dans ma chambre, il y avait donc Depardieu torse nu, mon fils assis sur une chaise et moi alité, ce qui a donné lieu à une scène improbable mais n'a pas empêché les discussions politiques, Depardieu s'adressant même au Premier ministre en lui donnant des « mon petit Lionel ».

Parmi les autres personnalités du monde de la chanson, j'ai eu la chance de pouvoir en approcher dans un petit cabaret situé à Laroche-Migennes, à vingt kilomètres d'Auxerre, appelé *L'Escale*. Dans les années 1950 et 1960, les grandes vedettes françaises venaient y chanter, notamment Édith

Piaf, dont j'ai assisté à deux récitals. Et un jour, on me prévient que Jacques Brel va venir. Il est l'un de mes artistes favoris, avec Georges Brassens, Léo Ferré, Yves Montand, Barbara, Julien Clerc et Charles Aznavour. Brel était venu seul et s'était fait accompagner par le petit orchestre de *L'Escale*. Il a pris sa guitare, posé le pied sur une chaise et a commencé par deux heures ininterrompues de chanson. J'étais à dix mètres et je me souviens encore de lui, trempé, avec des gouttes de sueur qui tombaient sur ses genoux. Il devait y avoir 200 spectateurs dans la salle, tous complètement fous. Je n'ai jamais vécu une soirée comme celle-là. On m'a fait cadeau d'un enregistrement sonore de cette soirée, mais je n'ai malheureusement plus d'appareil pour le lire. J'étais allé à cette soirée avec Jean-Claude Charlet, un journaliste de *L'Yonne Républicaine*, qui devait aller interviewer l'artiste après le concert. Brel a fait un brin de toilette, a mis des habits secs puis est descendu dans une petite salle où était servi un dîner. Nous avons beaucoup parlé ensemble, de minuit jusqu'au lever du jour. C'était un moment fabuleux. J'ai failli le revoir, mais ça ne s'est jamais fait. Cela a failli à Bonifacio. J'étais en train de boire un verre sur le port et il arrivait avec son bateau. Je l'ai reconnu immédiatement mais il était déjà malade et je n'ai pas osé aller le déranger.

J'ai aussi assisté à un concert de Pierre Perret, au théâtre de plein air de Saint-Florentin. J'avais pu le rencontrer quelques heures avant grâce à Triage FM, une radio locale. C'est un homme très sympathique, très simple, qui aime les jeunes. Je connaissais ses principaux tubes, mais pas plus, mais ses deux heures de concert étaient extraordinaires. Les gens ne voulaient pas qu'il s'en aille et il a fait un rappel de trois quarts d'heure. L'amour du public et de la chanson lui ôtait toute fatigue. Aujourd'hui, dans notre société bien-pensante, peut-être que la moitié de ses chansons seraient jugées inchantables et c'est bien dommage.

L'un des artistes qui a le plus bercé ma vie est sans doute Léo Ferré, de mes dix-sept ans à sa mort. Ça a commencé quand j'étais pion, en 1956 ou 1957, car l'un des jeunes avait un tourne-disque et m'a fait découvrir le jazz et surtout les textes de Léo Ferré. Je me suis donc débrouillé pour aller le voir lorsque j'étais étudiant et que je me rendais régulièrement à Paris. Je l'ai vu en représentation à l'Alhambra, à Bobino et ailleurs, notamment à Annecy. J'apprends que Léo Ferré va y donner un concert, je téléphone mais on me dit que c'est complet. J'ai quand même foncé et personne n'a pu m'empêcher d'entrer. J'ai assisté au concert, je suis allé le saluer ensuite et je suis rentré en voiture vers 4 heures du matin à Auxerre. En 1992, un an avant sa mort, Léo Ferré est venu au récital de la forêt d'Othe, située près d'Auxerre. Ses concerts ne créaient pas de la folie, ce n'était pas Gilbert Bécaud, mais c'était un régal à écouter. Le public était majoritairement composé d'enseignants, dont les hommes étaient facilement reconnaissables car ils étaient à cette époque presque les seuls à porter la barbe. Ils étaient étonnés de me voir là car j'ai une réputation assez justifiée d'être plutôt de droite que de gauche. Tout le monde a dîné ensuite à l'école maternelle de Saint-Florentin, assis sur des petits tabourets pour enfants. Je n'avais pas vu Léo Ferré depuis longtemps mais il m'a vite resitué puisqu'une dizaine d'années auparavant, un ami m'avait emmené à l'un de ses concerts au petit théâtre Déjazet et j'étais placé dans le coin de la scène, derrière le rideau, et j'avais pour mission de lui remplir son verre d'eau pour les petites pauses entre les chansons. Et dix ans après sa mort, je vois une affiche qui annonce un « récital Léo Ferré » dans la forêt d'Othe, toujours organisé par la même association. Évidemment j'y suis allé et je me suis assis à la même place que la première fois. Et chose extraordinaire, beaucoup de gens étaient également assis à la même place. Les barbes étaient devenues blanches, mais c'était touchant de se revoir dans le même contexte après tant d'années.

Mon grand regret, c'est de ne pas avoir rencontré Barbara. Je l'ai vue en représentation au théâtre d'Auxerre, un moment que je ne revivrai jamais. J'ai bien revu certains de ses concerts à la télévision, mais même si je la voyais mieux, la magie n'était pas la même.

Charles Aznavour, je l'ai entendu de nombreuses fois en concert, mais la première fois c'était au casino d'Auxerre. En ce temps-là, les gens disaient qu'il n'avait pas voix ! Je l'ai revu notamment grâce à Christian Jeanpierre, qui organise chaque année un concert à l'Oympia au profit d'une association caritative et pour laquelle il fait venir de nombreux artistes français et internationaux. Deux années de suite, j'ai participé au spectacle lors d'un petit sketch humoristique avec d'autres sportifs. L'Olympia était comble, mais évidemment pas pour moi, et j'avais fait la connaissance du directeur. Avant un concert d'Aznavour, je l'ai donc appelé et j'ai pu dégoter deux places au quatrième rang. Il avait plus de quatre-vingt-dix ans mais chantait à merveille, même s'il nous avait prévenus qu'il aurait parfois besoin de lire les paroles des nouvelles chansons qu'il n'avait pas encore eu le temps d'apprendre. Il a tellement donné à son public, mais personne ne voulait s'en aller… Ce sont des soirées qui mouillent les yeux. Après, nous avons eu le privilège d'aller dans sa loge, dans laquelle se trouvaient entre autres Jean-François Copé et sa femme. Aznavour s'est rafraîchi, s'est changé et on nous a apporté des bouteilles de bordeaux. Mais pas n'importe lesquelles puisqu'à chaque spectacle il demande toujours le même vin, de la même année, avec un nombre de bouteilles bien précis. Il avait une hygiène de vie de footballeur : balade le matin, sieste l'après-midi, légère collation avant d'entrer sur scène, hydratation…

Parmi les personnalités de la télévision que j'ai rencontrées de nombreuses fois, il y a Anne Sinclair, puisque je la croisais régulièrement à TF1. On avait un peu sympathisé et un jour elle me téléphone pour que je ramène son fils, qui était en stage de troisième à TF1, après une émission de Ligue des champions à laquelle je participais. J'ai bien sûr accepté sans problème. Vers une heure du matin je l'ai donc remmené chez lui et c'est Dominique Strauss-Kahn qui est descendu nous chercher. On a bu une petite coupe de champagne et je suis rentré à Auxerre, mais je les ai revus quelques années après aux Arcs, où j'allais faire du ski tous les ans. J'étais attablé avec mon fils au restaurant placé en bas du torrent, qui était plein à craquer. Anne Sinclair arrive avec son fils, ils me saluent tous les deux et demandent à la serveuse s'ils peuvent déjeuner à quatre personnes, mais aucune table n'est disponible. Je demande donc aux gens placés à côté de nous que l'on se serre, je fais un peu déménager tout le monde et là Dominique Strauss-Kahn, plein de neige, et son fils entrent dans la salle et viennent s'installer à côté de nous. J'ai encore eu l'occasion de rencontrer Anne Sinclair à Europe 1, souvent à la rentrée lors de la traditionnelle photo de groupe.

Toutes ces formidables rencontres, qui en appellent d'autres, ont enrichi et diverti ma vie. Humblement, j'espère donc que la lecture de ce livre vous aura également offert un moment divertissant.

Guy Roux en dix phrases cultes

« J'adore tous les publics, à commencer par celui de Marseille. Je me suis fait traiter d'enculé vingt matchs de suite au stade Vélodrome, pourtant je n'y vais pas à reculons. »

« Je ne suis pas un coq qui chante avant d'avoir pondu. »

« Les chasseurs disent que quand un vieux chien est fatigué, qu'il ne veut plus y aller, on met un jeune chien à côté, ça le réveille. Moi, de vivre avec des jeunes, c'est pareil. »

« Quand on a fait le doublé, on a aussi doublé nos emmerdements. »

« Qu'on ne me parle pas d'esclavage du footballeur quand l'esclave décide et qu'il gagne quelques millions par mois. »

« Un match de foot se joue avec trois arbitres, il y a donc trois fois plus de chances qu'il y ait des erreurs. »

« J'ai été un élève moyen, un homme moyen, je suis presque comme la marionnette de Bayrou aux Guignols. »

« L'idéal c'est d'être sélectionneur. Ça, c'est vraiment un boulot de retraité. »

« Avant, il y avait des présidents qui cherchaient de l'argent pour jouer au football. Maintenant, il y en a qui cherchent du football pour faire de l'argent. »

« La D2 est pleine de clubs qui voulaient jouer l'Europe dans les trois ans. »

Guy Roux en chiffres

41 : le nombre d'années passées sur le banc de l'AJ Auxerre en tant qu'entraîneur, entre 1961 et 2005 (avec des saisons de « pause » en 1962-1963 et 1963-1964, pour cause de service militaire, et 2000-2001).

894 : le nombre de matchs en tant qu'entraîneur en première division (890 avec Auxerre, 4 avec Lens), un record.

1 : le nombre de titres de champion de France avec l'AJ Auxerre (1996), le seul dans l'histoire du club.

4 : le nombre de Coupes de France remportées (1994, 1996, 2003, 2005), un record partagé avec André Cheuva (Lille).

19 : le nombre compétitions européennes disputées (2 fois la Ligue des champions, 13 fois la Coupe de l'UEFA, 1 fois la Coupe des coupes et 3 fois l'Intertoto).

6 : le nombre de fois où son équipe est allée au moins en quarts de finale d'une Coupe d'Europe.

103 : le nombre de matchs de Coupe d'Europe disputés (100 avec Auxerre, 3 avec Lens).

3 : le nombre d'accessions dans sa carrière (de la DH à la D3, D2 puis D1).

0 : le nombre de relégations dans sa carrière.

22 : le nombre de fois où l'AJA a terminé dans le top 10 de première division, en 24 saisons sous sa direction, avec une place moyenne de 5,6 dans un championnat de 20 équipes.

3 : le nombre de titres d'entraîneur français de l'année décerné par France Football (1986, 1988 et 1996).

37 : le nombre d'années passées comme consultant, de 1984 à aujourd'hui (36 ans à la télé, 29 ans à la radio à ce jour).

Quiz : Connaissez-vous bien Guy Roux ?

Question n° 1 : Dans quelle ville Guy Roux est-il né ?
a) Auxerre **b)** Appoigny **c)** Colmar

Question n° 2 : Entre Auxerre et Limoges, dans quel club a-t-il joué lors de la saison 1957-1958 ?
a) Trêves **b)** Stade Auxerrois **c)** Stade Poitevin

Question n° 3 : Pour quelle association a-t-il couru plusieurs fois une étape du Tour de France en compagnie de célébrités et de sportifs ?
a) Mécénat Chirurgie Cardiaque **b)** La Ligue contre le cancer **c)** Les Restos du cœur

Question n° 4 : À quel entraîneur a-t-il demandé, en vain, de lui succéder sur le banc de l'AJA en 2005 ?
a) Jean-Marc Furlan **b)** Jacques Santini **c)** Daniel Rolland

Question n° 5 : Pour quelle marque a-t-il tourné sa première publicité ?

a) Cristaline **b)** Bouygues Télécom **c)** Compo Floranide

Question n° 6 : Quel journaliste a annoncé son départ en retraite, à l'issue de la finale de la Coupe de France 2005 ?

a) Hervé Mathoux **b)** Christian Jeanpierre **c)** Thierry Roland

Question n° 7 : Combien de matchs de première division a-t-il dirigés durant sa carrière ?

a) 751 **b)** 894 **c)** 911

Question n° 8 : Quels présidents l'ont décoré de la Légion d'honneur ?

a) Jacques Chirac et Nicolas Sarkozy **b)** François Mitterrand et Jacques Chirac **c)** Nicolas Sarkozy et Emmanuel Macron

Question n° 9 : Quel métier a-t-il exercé en parallèle de sa carrière d'entraîneur ?

a) Boulanger **b)** Agent d'assurances **c)** Vendeur de camions

Question n° 10 : Quel joueur a-t-il recruté en se déguisant en livreur de bières, puis en se rendant en Pologne sans autorisation ?

a) Enzo Scifo **b)** Taribo West **c)** Andrzej Szarmach

Réponses : 1c / 2c / 3a / 4a / 5c / 6b / 7b / 8a / 9b / 10c

Vous avez moins de 5 bonnes réponses : Privé de sortie en boîte de nuit et rendez-vous demain matin pour un footing en forêt !

Vous avez entre 5 et 8 bonnes réponses : Le maintien est assuré, mais il reste encore un peu de travail.

Vous avez entre 8 et 10 bonnes réponses : Bravo, vous avez bien mérité un petit verre de chablis.

Crédits photographiques du livret photos :

Photo 1 : © Binh / AFP

Photo 2 : © Alain de Martignac / Onze / Icon Sport

Photo 3 : © Jean-Claude Delmas / AFP

Photos 4 et 6 : © Eric Renard / Onze / Icon Spor

Photo 5 : © Icon Sport

Photo 7 : © Georges Gobet / AFP

Photo 8 : © JM Bancet / Icon Sport

Photo 9 : © Jack Guez / AFP

Photos 10 et 14 : © Alain Gadoffre / Icon Sport

Photos 11 et 15 : © Philippe Merle / AFP

Photo 12 : © Jean-Pierre Muller / AFP

Photo 13 : © Pascal Guyot / AFP

Photo 16 : photo personnelle

Imprimé en France par CPI
en juin 2021
Dépôt légal : mai 2021
N° d'impression : 164752

Talent Éditions est engagé dans le développement durable afin de limiter l'empreinte carbone de la fabrication de ses livres. Soucieux de l'impact environnemental de notre métier, nos ouvrages sont imprimés en France sur du papier certifié issu de plantations gérées de manière éco-responsable. Les livres non-commercialisables sont recyclés et réutilisés pour la fabrication d'autres produits cartonnés.